THREAD

KB017486

만드는 사람

CEO 이연대
특징
메타세쿼이아 나무지만
출근 시엔 씨앗으로 몸을 숨김

CCO 신아람
특징
위급할 때 직각표기에서 빛이 남

Senior Editor 이현구
특징
집과 헬스장과 회사를 잇는
땅굴 보유 중

Editor 이다혜
특징
어매라고 외치면
반경 1km까지 들림

Editor 김혜림
특징
고민할 때 수염을 쓰다듬지만
수염이 없음

Editor 정원진
특징
수년 전 귀로 날 수 있는 방법을
터득했지만 비밀을 숨기고 있다

Lead Designer 김지연
특징
백화점 화장실을 좋아함
_표지 디자인 및 만화

Designer 권순문
특징
술을 마시면 끝까지 가는 타입
(주량: 와인 한 잔) _내지 디자인

Operating Mgr 김민형
특징
셀프사진관에서 자주 출몰함

Community Mgr 홍성주
특징
가시로 오해 받지만 사실은 털

Editor 백승민
특징
평소엔 눈을 감고 있다가
흥미로울 때만 눈을 뜸

Community Mgr 구성우
특징
호시탐탐 이야기할 기회를 노림

Community Mgr 권대현
특징
카페가 너무 좋아 사람으로 둔갑해
산에서 내려옴

《스레드》는 북저널리즘 팀이 만드는
종이 뉴스 잡지입니다.
이달에 꼭 알아야 할 비즈니스,
라이프스타일, 글로벌 이슈의 맥락을
해설합니다.

스레드에 수록된 글과 그림을
이용하려면 반드시 저작권자와
㈜스리체어스의 동의를 받아야 합니다.

THREAD ISSUE 13. crisis

발행일 2023년 6월 1일
등록번호 서울중, 라00778
발행처 ㈜스리체어스
주소 서울시 중구 한강대로 416 13층
홈페이지 www.bookjournalism.com
전화 02 396 6266
이메일 thread@bookjournalism.com

THREAD

목차

 푸릇한 6월입니다. 《스레드》 13호를 찾아주신 여러분 환영합니다.
이번 호에는 어떤 이야기들이 우리를 기다리고 있을까요?

> └▷ 불안하다 불안해! 나쁜 일이 일어날 것 같아요. 알아요.
> 일이 터지면 해결하면 되거든요? 그런데 언제 터질지
> 모르는 폭탄을 들고 있는 게 더 무서워요. 이번 커버는
> 예측된 불안한 미래를 그려봤어요.

 위기는 숫자 너머에 _ 13p
요즘 위기라고들 하잖아요. 기후 위기다, 경제 위기다, 정체성 위기다.
위기가 너무 많아서 내 마음도 위기입니다. 그런데 이런 경고, 전부
다 맞는 얘길까요? 뉴스를 읽다 보면 만나게 되는 위기의 경고 중에
무엇을 의심하고 무엇을 고심해야 할까요? 이달의 이야기를 읽으며
함께 생각해 봐요!

> └▷ 경제 뉴스를 보면 뭔지도 모를 지표가 자꾸 떨어졌다고,
> 큰일이라고 하는데 정말 큰일인 건지 궁금해요!
> └▷ 진부한 얘기지만, 위기는 기회의 발판이기도 하죠!

북저널리즘 explained는 세계를 해설합니다. 조각난 뉴스가 아닌 완전한 스토리를 지향해요. 이슈마다 깊이 있는 오디오도 제공합니다. 입체적인 콘텐츠 경험을 통해 지금의 이슈를 감각하고 해석해 보세요. 철저한 선택과 정제를 거친 explained, 일곱 가지 주제를 소개해 드립니다.

 밀키트를 고르는 밀레니얼 가족 _ 22p

밀키트 하면, 어떤 사람이 떠오르세요? 대부분 Z세대 1인 가구를 떠올리실 것 같은데요, 의외의 조사 결과가 나왔습니다! 밀키트를 가장 많이 구입하는 고객의 연령대가 35~44세로, 밀레니얼 세대인 것으로 드러났어요. 판매량 상위 10개 제품 중 여섯 개는 찌개나 전골, 나베 같은 2인 이상이 즐기는 한식 메뉴였다고 해요. 이 트렌드를 보면서 저는 과거와는 달라진 가족의 모습과 밀레니얼 세대의 마음을 엿볼 수 있었답니다. 밥상은 가족에게 의례죠. 의례가 바뀌었다는 건 생각보다 큰 변화일 수 있어요.

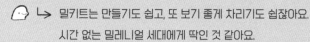 밀키트는 만들기도 쉽고, 또 보기 좋게 차리기도 쉽잖아요. 시간 없는 밀레니얼 세대에게 딱인 것 같아요.

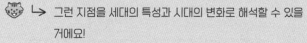 그런 지점을 세대의 특성과 시대의 변화로 해석할 수 있을 거에요!

 트래블 테크가 바꾸는 리뷰 생태계 _ 30p

엔데믹이 왔지만 물가는 떨어질 생각이 없습니다. 그럼에도 소비 심리가 폭발한 분야가 있죠. 바로 여행입니다. 떠나고 싶은 마음은 인플레이션조차 막지 못했는데요, 이와 동시에 여행 업계는 리뷰 생태계

확장에 열을 올리고 있습니다. 특히 한국은 리뷰 사회죠. 적은 돈도
아니고 큰돈 써야 하는 여행이라면 리뷰를 더 깐깐한 마음으로
확인할 텐데요. 한편 별점 테러와 악성 리뷰로 인해 안타까운 사고도
있었습니다. AI의 발전으로 허위 리뷰도 많아졌죠. 3세대 트래블
테크들은 올바른 리뷰 문화를 만들어 낼 수 있을까요?

 ↳ 요새 네이버 리뷰에서는 별점이 사라졌어요. 오히려 참고에
도움이 되더라고요.

↳ 저도 올 여름에 여행을 가려고 매일 리뷰를 찾아봐요.
요새는 영상 리뷰도 많아졌어요!

버즈피드의 몰락과 뉴미디어의 길 _ 36p

"이 드레스, 흰색이야, 검정색이야… 금색이야, 파란색이야?" 이 질문
익숙한 분들 많으실 것 같은데요. 드레스 대란이라고도 불렸던 바로
그 기사입니다! 핫했던 이 기사, 과거에는 유니콘으로 평가받았던
미디어 회사 '버즈피드'의 작품인데요. 최근 버즈피드가 과거에는
퓰리처상까지 받았던 뉴스 분야를 폐쇄하겠다고 발표했어요. 젊은
취향을 저격했던 미디어 '바이스'는 파산 절차를 밟고 있고요. 이들의
새로운 무기는 바로 소셜 미디어였는데요. 소셜 미디어가 흔들리니
덩달아 기울어진 겁니다. 그럼, 이제 뉴미디어는 어디로 가야 할까요?
잇따른 미디어 회사의 위기는 무엇으로 돌파할 수 있을까요.

 ↳ 버즈피드가 한때는 《뉴욕타임스》를 뛰어넘기도 했대요!

 ↳ 《뉴욕타임스》만 살아남을 수 있는 환경은 너무
가혹하잖아요. 새로운 지향을 좇는 뉴미디어의 생존 전략은
뭘까요?

은행이 되려 하는 애플 _ 42p

애플이 또 엄청난 일을 벌였습니다. 애플페이, 애플카드도 모자라 아예
애플 통장을 출시했는데요, 혁신의 아이콘답게 시중 금리보다 훨씬
파격적인 금리를 내세워 시장을 공략합니다. 앞으로 아이폰 사용자들에겐
통장도, 카드도 따로 필요 없는 생태계가 펼쳐질 수 있겠습니다. 한편
애플의 금융 확장에 벌벌 떠는 것은 스마트폰 회사가 아닌 은행들인데요,
애플의 금융 파트너인 골드만삭스조차 '자기 잠식'을 걱정하고 있다고
하죠. 애플은 정말 은행이 되려는 걸까요? 장애물은 무엇일까요?

ㄴ 요새 짠테크로 아무리 모아도 얼마 안되는데 고금리
　통장이라니 매력적이네요.

ㄴ 하지만 애플이 정말 은행이 될 수 있을까요? 금융 분야는
　규제가 많으니까요.

스파이 색출 전쟁의 실체 _ 50p

전 세계에서 첩보전이 벌어집니다. 각국은 스파이 색출에 열을
올립니다. 유럽은 러시아 외교관을 스파이 혐의로 무더기 추방합니다.
방첩법을 크게 강화한 중국은 외국계 기업을 압수 수색하고 직원들을
조사합니다. 미국에선 틱톡 금지법 등 중국을 대상으로 한 안보 견제가
심해진 지 오래죠. 우크라이나 전쟁이 길어져서일까요? 미-중 갈등이
심해져서일까요? 정말 간첩이 많아진 걸까요? 스파이 전쟁의 실체는
무엇일까요? 북한과 국경을 맞댄 우리나라도 눈여겨볼 이슈입니다.

ㄴ 중국이 우리나라 기업들도 스파이 혐의로 조사하면 어쩌죠…?

ㄴ 외교 문제는 정말 고차방정식이네요. 스파이 색출이라니 왠지
　냉전 상황 같아요.

인구 대국이 된 인도 _ 58p

인도가 중국을 제치고 전 세계 인구수 1위 자리에 올랐습니다.
14억 2800만 명이라는 풍부한 인구를 바탕으로, 인도는
'세계의 공장'이라는 중국의 타이틀을 가지고 올 수 있을까요?
그런데 막상 인도 내부에서는 인구를 억제해야 한다는 의견이
나오고 있다고 해요. 일자리부터 복지 정책까지 지금의
상황으로 빠르게 증가하는 인구를 감당할 수 없다고 말이죠.
인구 증가는 인도에 득일까요, 독일까요. 자국의 실리를
찾아나서는 인도의 외교 행보도 주목할 지점입니다. 인도의
속사정을 따라 여행을 떠나볼까요?

 ↳ 인구가 국력이라는 사실은 변하지 않는군요.

↳ 애플도 노동력과 소비력을 모두 갖춘 인도로 향하고
있어요.

모두의 문제, 탈시설 _ 64p

장애와 비장애의 구분이 희미해지고 있습니다. 인간은 더 오래
살게 된 대신, 노화로 인한 다양한 손상과 함께하게 됐습니다.
진태원 박사는 이렇게 말합니다. 지금은 장애 문제의 보편화
시대일지 모른다고요. 실제로 노년학과 장애학의 연구 주제가
많은 부분 겹쳐 있죠. 그래서 탈시설 논의는 장애인만의 것이
아닙니다. 요양원이 아닌 내 동네에서 살아가길 바라는 모두의
것이죠. 탈시설 논의를 다각도에서 살피며, 역량으로서의
장애라는 새로운 개념까지 짚어 봅니다.

↳ 돌봄에 대한 논의도 시급한 것 같아요.

 ↳ 포용적인 사회 구조를 고민해봐야겠어요.

 이어지는 '톡스' 코너에서는 사물을 다르게 보고, 다르게 생각하고, 세상에 없던 것을 만들어 내는 사람들의 이야기를 담아요. 《스레드》 13호에서는 스포츠 전문 크리에이티브 스튜디오 '오버더피치'를 만나 봤어요.

 축구장 너머에서도 즐기는 축구를 위해 _ 71p
'축구'라는 단어만 들어도 설레는 사람이 있는가 하면, 잘 몰라서 관심 없는 사람도 있죠. 그런데, 상관 없습니다. 축구를 그냥 골대에 공 넣는 스포츠 정도로만 알아도 괜찮아요. 마니아가 아니더라도 모두가 즐길 수 있는 축구 문화를 스포츠 전문 크리에이티브 스튜디오 오버더피치가 만들고 있거든요. 축구와 무관한 MCM 같은 패션 브랜드나 힙합 아티스트들과 협업하는 오버더피치는 모든 문화에 축구를 묻히는 작업을 하고 있습니다. 용감하고 그래서 앞설 수 있었던 오버더피치의 선택, 최호근 대표에게 그 면면을 물어보았습니다.

 ↳ 안 그래도 요즘 유니폼 패션 '블록코어룩'이 유행이라면서요?

 ↳ 축구는 재밌는 줄로만 알았는데 멋지기까지 하다니~

 단편 소설 분량의 지식 콘텐츠 '롱리드' 코너도 있어요. 깊이 있는 정보 습득이 가능하고, 내러티브가 풍성해 읽는 재미가 있어요.

탄소 전쟁이 만든 난민 _ 85p

이주는 쉬운 결심이 아닙니다. 지금껏 쌓은 것들을 버리고
제로베이스에서 시작하겠다는 각오가 있어야죠. 둘 중 하나는
충족돼야 합니다. 잘 해낼 수 있다는 자신, 혹은 지금 사는
곳에서는 도저히 못 살겠다는 공포. 기후 위기는 사람들에게
'여기서는 도저히 못 살겠다'는 공포를 불러일으킵니다. 언젠가
물에 잠길 방글라데시 해안가에 사는 사람들이 그 사례죠.
그런데 어쩔 수 없이 짐을 싸야만 하는 이민이라는 비극이,
인류 전체에게는 새로운 기회가 될 수도 있다고 합니다. 다만
위기를 기회로 바꾸려면, 결단이 필요합니다.

↳ 올해도 세계 곳곳에서 이상 고온 현상이 일어나고 있어요.

↳ 사람들을 내모는 것은 기후 위기가 아니라 국경
　정책이라는 말에 별표 다섯 개!

《스레드》 13호에서는 지금까지 소개해 드린 열 가지
이야기를 담았어요. 그럼 이제부터 《스레드》를 시작해
볼까요?

이달의 이야기

explained

톡스

롱리드

이달의 이야기에선 한 가지 주제를 깊이 다뤄요.
단순한 사실 전달을 넘어 새로운 관점과 해석을 제시해요.
함께 읽고 생각을 나눠요.

위기는 숫자 너머에

지표가 오르면 안도하고, 지표가 떨어지면 위기라고 합니다. 실업률, GDP, 소비자 물가지수, 무역수지, 환율, 금리. 매일 뉴스를 점령하고 있는 이 숫자들은, 진짜 위기의 시그널일까요? 어쩌면 위기란 숫자 너머에 있을지도 모릅니다. 위기의 실체를 잡아채려면 세계를 직시해야 합니다. __ 신아람 에디터

안녕하세요. 북저널리즘 신아람 CCO입니다.

숫자는 거짓말을 하지 않는다?

그렇습니다. 숫자가 거짓말을 할 리는 없지요. 숫자에는 온도가 없기 때문입니다. 따뜻한지 뜨거운지, 시원한지 차가운지를 숫자는 판단해 주지 않습니다. 그저, 27도라는 객관적인 상태를 보여줄 뿐입니다. 그래서 뉴스는 숫자에 매달리곤 합니다. 신뢰를 팔아야 하는 언론사 입장에서 간편하며 믿음직스러운 도구이기 때문이죠. 의견에는 반박이 가능하지만 숫자에는 반박할 수 없으니까요.

문제는 숫자를 쓰는 사람들이 의도를 갖고 쓴다는 점입니다. 마찬가지로 읽는 사람들도 편견을 갖고 숫자를 해석하죠. 숫자 앞뒤로 붙는 수식어에서 그 속내를 짐작할 수 있습니다. 예를 들어보겠습니다. "A 기업, 성장세 주춤"이라는 기사 제목과 "A 기업, 성장 기조 유지"라는 제목은 분명 다릅니다. 전자는 A 기업의 경영상 난점을 짚으며 향후 주가는 하락할 것이라는 전망이 덧붙을 가능성이 큽니다. 반면 후자는 A 기업이 어려운 여건에도 불구하고 성장을 유지할 만큼 내실 있다는 점을 강조하며 장기적으로 투자할 가치가 있는 기업이라는 내용이 될 수 있겠죠.

두 기사 모두 숫자는 동일할 것입니다. 영업이익과 신규 고객 증가율, 최근 유치한 투자 금액까지 말이죠. 하지만 기자의 주관이 한 기업에 대한 평가를 바꿉니다. 아무리 숫자가 근거로 붙어도 완벽하게 객관적인 기사란 나올 수 없다는 얘깁니다. 숫자의 맥락을 알지 못하면, 몇 발짝 뒤로 물러서서 숲을 보지 못하면 진짜 내가 얻고 싶은 정보가 무엇인지조차 불분명해집니다. 그뿐인가요? 숫자는 우리에게 어떠한 철학을 강요합니다. 아주 오랜 기간, 인류의 의사 결정을 지배해 온 '성장주의' 말입니다.

지표의 시대

요 몇 년간 우리는 숫자에 지배당해 왔습니다. 지난 2년간은 코로나19 때문이었습니다. 신규 감염자 숫자, 사망자 숫자, 가용 병상 수 등 익숙한 듯 낯선 지표들이 매일 발표되었고 속보로 전해졌죠. 우리 삶 전체는 그 지표들의 증감에 따라 흔들렸습니다. 그런데 막상 팬데믹이 끝나고 나자 전 세계적인 경기 침체가 덮쳐왔죠. 우리 경제도 예외는 아닙니다. 전 세계적인 긴축 기조에 달라진 국제 정세, 끝없이 이어지는 전쟁 등의 영향으로 한 치 앞을 가늠하기 힘듭니다. 이제는 쏟아지는 경제 지표들이 뉴스를 점령하고 있습니다.

지난달, KDI(한국개발연구원)는 올해 우리나라의 경제성장률 전망치를 기존 1.8퍼센트에서 1.5퍼센트로 낮췄습니다. 걱정이 쏟아집니다. 모두가 '위기'를 이야기합니다. 이러다 성장률이 1퍼센트 초반대로 주저앉으면 어쩌냐는 전문가들의 우려 섞인 목소리가 방송에, 신문 지면에, 유튜브와 페이스북에 떠돕니다.

성장이 멈춘 것도 아니고 성장세가 둔화한 것인데 정말 위기일까요? 누군가에겐 그렇습니다. 1990년대 초반까지, 우리나라는 매년 10퍼센트에 육박하는 고도성장을 이어왔습니다. 그 시기를 기억하는 사람들에게 지금의 경제성장률은 충분히 우려할 만한 상황입니다. 어제보다 무조건 더 나은 오늘이 보장되었던 시대가 끝났다는 의미일 수 있기 때문입니다. 하지만 이들이 놓치고 있는 것이 있습니다. 성장 말고 '발전' 얘깁니다.

성장의 함정, 발전의 의미

발전경제학자 마이클 폴 토다로(Michael Paul Todaro)는 '경제발전'이

'경제성장'과는 구별되는 개념이라고 지적합니다. 경제발전은 경제성장과 동시에 사회적 구조, 대중의 태도, 국가 제도 등을 통해 인간적인 삶이 가능해지도록 사회 전체가 고양되어 가는 과정이라는 겁니다. 50여 년 만에 GDP 100달러 국가에서 3만 5000달러 국가로 도약했지만, 여전히 더 열심히 살아야만 한다는 강박에 시달리는 우리는, 경제적으로 성장은 했으되 아직 발전은 하지 못한 셈입니다. 그래서 우리는 의심해 볼 필요가 있습니다. 우리가 지표에 끌려다니고 있는 것은 아닌지. 숫자 뒤에 숨겨진 더 중요한 가치를 놓치고 있는 것은 아닌지 말입니다. 진짜 위기는 경제가 아니라 우리 삶에 닥쳐오고 있을지도 모릅니다.

숫자로 재단할 수 없는 행복의 크기를, 우리는 여전히 쫓고 있습니다. 특히, 가족을 이루어 아이들의 삶까지 등에 짊어진 밀레니얼 세대들은 '완벽한 가족'을 만들기 위해 고군분투 중입니다. 밀키트 시장의 성장을 통해 2023년의 가족과 행복의 정의를 재해석한 김혜림 에디터의 〈밀키트를 고르는 밀레니얼 가족〉은 성장에 집착하는 동안 우리가 잃어버린 발전의 의미에 관해 묻습니다. 또, 정원진 에디터는 〈인구 대국이 된 인도〉에서 '인구성장'이라는 지표가 내포한 기회와 위험을 함께 분석합니다. 얼마 전 세계 1위의 인구 대국으로 올라선 인도의 사례를 찬찬히 뜯어보면, 숫자 너머의 진짜 현실을 봐야 비로소 제대로 된 정책이 가능하다는 사실을 다시금 깨닫게 됩니다.

숫자 만능주의에서 벗어나면 의심이 생깁니다. 정말 '성장'이란 좋은 가치인가, 언제까지나 추구해야 할 절대적인 가치인가 하는 의심입니다. 어제보다 오늘의 수치가 반드시 높아야 한다는, 현대의 강박증은 과연 인류를 행복한 미래로 데려다줄까요?

과학이 태어난 곳, 자연으로 눈을 돌려보기로 하죠. 자신의 머물 곳을 이고 살아가는 달팽이를 예로 들어볼까요? 달팽이의 껍데기는 나선형으로 자라납니다. 한 바퀴 더 자랄 때마다 공간이 열여섯 배나 커진다고 합니다. 그 성장 속도를 감당하려면 달팽이는 쉴 틈 없이 먹고 무리하게 성장해야 할 겁니다. 그래서 달팽이는 성장을 멈춥니다. 오히려 일정한 크기에 이르면 몸을 약간 수축시켜 남은 생을 그 크기 그대로 삽니다. 그런데 달팽이뿐만이 아닙니다. 대부분의 동물이 비슷하죠. 우리 인간을 포함해서 말입니다. 그렇다면 경제는 어떨까요? 경제도 계속해서 성장하면 혹시 탈이 나는 것은 아닐까요?

달콤한 경제 모델

이런 질문을 벌써 진지하게 하고 있는 곳이 있습니다. 네덜란드의 수도 암스테르담, 덴마크 코펜하겐, 벨기에 브뤼셀, 뉴질랜드 더니든 등입니다. 언젠가는 꼭 가보고 싶은, 아름다운 도시들이죠. 한 번쯤 살아보고 싶은 도시일지도 모릅니다. 그런데 이 도시들이 성장 외에 다른 선택지를 검토하거나 혹은 이미 실행 중입니다. 바로 '도넛 경제' 모델입니다. 경제 용어치고 꽤 달콤하게 들립니다. 내용도 쉽게 말해 부족한 것과 과잉인 것을 정의하고, 우리의 삶이 그 사이에서 인간답게 유지되어야 한다는 개념입니다. 동그란 도넛 모양에서 안쪽 원에 해당하는 것은 교육이나 일자리, 사회적 공평함 등 사회적 토대입니다. 부족해서 보완해야 합니다. 최소한도가 보장될 수 있도록 힘써야 합니다. 반면, 바깥쪽 원에 해당하는 것은 기후 변화, 담수 고갈, 해양 산성화 등 생태적 한계입니다. 과잉이어서 줄여나가야 합니다.

좋은 이야기지만 과연 이것이 경제 모델로서 작동할 수 있을지 의심부터 듭니다. 수출을 늘려야 한다. 내수를 활성화해야 한다는 일반적 담론과는 너무 떨어져 있으니까요. 그런데 암스테르담을 직접 방문해 보면 알게 됩니다. 이 도넛 경제가 어떻게 작동하는지 말이죠.

시 정부가 직접 옷 수선집을 운영하고, 고장 난 노트북 등도 수리해서
필요한 시민들에게 나눠줍니다. 철거가 끝난 건물의 잔해도 허투루
버리지 않습니다. '재료 여권' 제도를 통해 건축 자재를 가능한 한
재사용하는 것입니다. 더 많이 만들고 더 많이 소비하도록 종용하지
않습니다. 그저 도시 안에서 물자가 순환하도록 하고, 그것이 시민들의
삶의 질을 높일 수 있도록 합니다.

위기의 실체

성장이 언제나 정답은 아닐지도 모릅니다. 기후 위기라는 당면한
위협에도 불구하고 성장이라는 끈을 놓을 수 없어 생겨난, '지속
가능한 성장'이라는 용어는 이미 낡은 논의일지도 모릅니다. 물론, 지금
당장 생산과 소비를 모두 중단하고 탈성장을 선택하자는 주장을 하는
것은 아닙니다. 다만, 성장이라는 가치가 절대적인 것이 아닐 수도
있다는, 논의의 대상이 될 수 있다는 이야기입니다.

이번 달 롱리드, 〈탄소 전쟁이 만든 난민〉은 우리가 성장을
의심해야 할 충분한 이유를 제시합니다. 온대지방의 도시 거주민들은
체감하기 어렵겠지만, 지구 곳곳의 환경은 이미 붕괴하고 있습니다.
사람들이 사는 지역도 예외는 아닙니다. 삶의 터전에서 밀려난
사람들은 난민이 됩니다. 전쟁이 아니라 기후 위기가 난민을 만들고
있습니다. 성장이 담보하는 풍요로움이 누군가의 삶을 잔인하게
망가뜨릴 수도 있습니다.

위기는 존재합니다. 실재합니다. 그러나 숫자만 쫓아서는 위기의
실체를 놓치게 됩니다. 우리의 삶을, 우리의 도시를, 우리의 세계를
직시해야 합니다. ❼

밀키트는 Z세대 1인 가구의 전유물이 아니다. 프레시지가 공개한 '2022 밀키트 시장 트렌드'에 의하면, 밀키트를 가장 많이 구매하는 연령대는 35~44세로, 밀레니얼 세대의 끝자락에 놓인 이들이었다. 선호하는 메뉴도 확실했다. 프레시지의 판매량 상위 10개 제품 중 여섯 개 제품이 찌개와 전골, 탕과 같은, 2인 이상이 즐기는 한식 메뉴였다. 밀레니얼 세대 가족이 밀키트를 더 많이 찾고 있다. __ 김혜림 에디터

복잡한 레시피를 찾아볼 필요도, 따로 재료를 씻거나 손질할 필요도
없다. 밀키트만 있다면 말이다. 이미 만들어진 육수에 준비된
재료를 넣어 끓이기만 하면 보기 좋은 밥상이 차려진다. 식사는
식구(食口)에게 일종의 의례였다. '밥상머리 교육'이라는 말이 있을
정도다. 밥상 위는 지금 시대의 가족이 형성하고 있는 관계의 모습과
그들의 생활상을 드러낸다. 식사라는 의례에 들이닥친 변화는 부모
세대로 합류하기 시작한 밀레니얼 가족의 모습을 말하고 있다.

밥상을 보면, 지금 시대가 보인다!

식사의 재료, 시간과 사람

과거에는 식사라는 이름의 가족 의례를 담당하는 사람이 있었다.
가정주부, 주로는 '어머니'라는 이름으로 불렸던 이들이다. 현대
가족의 상황은 조금 다르다. 통계청에 따르면 지난해 기준 전국의
맞벌이 부부는 582만 3000가구로, 10년 전에 비해 58만 가구 늘었다.
2인 이상으로 구성된 가구 중, 맞벌이 가구가 차지하는 비중은
46.3퍼센트로 역대 최대를 기록했다. 시간과 사람의 문제는 돈의
문제와도 멀지 않다. 비싼 밥상은 가족을 일터로 내몰았다. 관계를
형성하는 방법론에도 변화가 생겼다. 현대의 가족 관계는 식사와 같은
상시적이고 소모적인 의례가 아닌, 여행과 같은 특별한 사건을 통해
만들어야 하는 대상이다.

완벽한 밥상

시간과 돈, 사람이라는 현실적인 장벽에도 불구하고 식사는 가족의
흔적 기관처럼 남았다. 잘 차려진 밥상은 '화목한 가족'을 생각하면
으레 떠오르는 풍경을 만들기에 적절한 방법이기 때문이다. 밀키트가
만든 화목한 밥상은 밀레니얼 세대의 열망과도 맞닿는다. 밀레니얼
세대는 본인이 구성한 가족이 '완벽한 모습'이길 바란다. 미국의 육아
사이트 '베이비센터(BabyCenter)'가 조사한 결과, 18세에서 44세
사이의 어머니 2700명 중 무려 80퍼센트가 "완벽한 엄마가 되는 것이
중요하다"고 답했다.

밀레니얼과 완벽주의

미국심리학회가 조사한 바에 따르면 밀레니얼 세대는 완벽주의에
대한 집착이 심했다. 주목해야 할 지점은 그 기준이 자기 주도적으로
형성됐다기보다는, 사회적인 압력이 만든 인위적 결괏값일 확률이
높다는 점이다. 타인의 기대에 따라 자신의 기준을 높게 잡는 사회적
완벽주의의 경우 1989년에 비해 33퍼센트 증가했다. 지금 밀레니얼
세대가 지향하는 완벽함은 사회적 통념과 분리할 수 없다. 이는
화목한 가족의 기준에도 적잖은 영향을 미쳤다. 저널리스트 다니엘
드레이링거(Danielle Dreilinger)는 자신의 책에서 다음과 같이 말한다.
"여성들은 자녀를 양육하는 최선의 방법을 말하는 메시지의 폭격을
받았다." 밀레니얼 세대는 포용적이며 열린 가족을 지향하지만,
한편으로는 사회적으로 완벽한 가족의 형태를 갖추기 위해 무수한
규칙을 세워야 한다.

가족만큼, 당신의 성장도 중요해요

완벽한 가족을 이뤄야 한다는 것만이 다가 아니다. 밀레니얼 세대는 완벽한 가정만큼, 성장을 지향하는 당당한 가장이 되고 싶다. 가지각색의 육아 스타트업은 바로 이 지점에 소구한다. 밀레니얼 부모를 위한 플랫폼 '패런트리'는 가족과 유대감을 쌓을 수 있는 체험 프로그램을 모아 보여 주는 한편, 밀레니얼 부모의 개인적인 삶과 성장도 중요하다는 모토를 강조한다. 패런트리에 따르면 "모든 양육자의 육아 경험은 하나의 커리어"다. 시장 조사 업체 '유로모니터 인터내셔널'에 따르면, 밀레니얼 부모는 가족과 함께 보내는 시간을 소중히 여기지만, 자기 자신을 소홀히 하지는 않는다. 전 세계 밀레니얼 부모의 58퍼센트가 일상 업무에 들이는 시간을 절약하기 위해 돈을 쓸 의향이 있다고 밝혔다.

슈퍼맨이 쏘아 올린 작은 공

완벽한 나, 완벽한 가족을 모두 좇아야 하는 밀레니얼 세대의 부모는 '슈퍼맨'이 돼야 한다는 압력에 놓인다. 연예인들의 육아 일상을 보여 주는 KBS의 예능 〈슈퍼맨이 돌아왔다〉는 스타의 허심탄회한 육아 생활을 볼 수 있다는 지점에서 인기를 끌었지만, 한편으로는 상대적 박탈감을 부른다는 비판을 피할 수 없었다. 대중문화평론가 황진미는 〈슈퍼맨이 돌아왔다〉가 "'아이를 키우려면 이 정도는 갖추고 소비해야 한다'를 홍보"하고 있다고 비판했다. 리얼리티 예능이라는 수식어와는 달리, 〈슈퍼맨이 돌아왔다〉는 '화목한 가정'을 불가능한 꿈처럼 만들어 버렸다.

KBS 〈슈퍼맨이 돌아왔다〉의 한 장면 ©KBS Entertain

멀어진 꿈, 가족

밀레니얼 세대는 완벽한 모양의 가족을 꿈꾸는 동시에 자기 자신의
성장을 중시한다. 밀키트는 그 둘 모두를 충족시킬 수 있는 도구였다.
빠르고 쉽게 보기 좋은 밥상을 만들어 낸다는 의미에서 그렇다. 다인
가구를 위한 밀키트와는 멀어 보이는, 밀레니얼 세대의 비혼 움직임도
같은 원인에서 비롯한다. '슈퍼맨'이 되지 못할 바에야, 내 삶을 포기할
바에야, 차라리 가족을 포기하겠다는 결론이다. 집값만이 손익 계산의
전부는 아니다. 나의 가족이 경제적으로도, 정서적으로도 사회가 만든
완벽한 기준에 맞추지 못할 바에야, 다인 가구를 꾸리지 않는 것이
공공선이라는 인식도 파다하다. 인류의 출산이 무책임한 행위라는
철학인 '반출생주의'가 최근 인기를 끄는 이유도 마찬가지다. 미국
최대의 커뮤니티 사이트 레딧의 '반출생주의 서브레딧
(r/antinatalism)'은 18만 5000명의 회원을 자랑한다.

반출생주의 레딧에는 이런 게시글이 있어
"나는 태어나고 싶지도 않았고, 누구를 억지로 낳고 싶지도 않다."

한 줄기 빛, 오은영

정신건강의학과 전문의 오은영이 〈우리 아이가 달라졌어요〉에서
〈오은영 레포트 – 결혼 지옥〉으로 자리를 옮긴 이유도 우연은 아닐
것이다. 밀레니얼 세대의 가장은 오은영의 위로를 필요로 한다.
이들은 완벽주의와 새로운 세대적 욕망, 그리고 현실적 어려움의
삼각지대 속에 놓여 있다. 이 세 꼭짓점을 통합하는 새로운 패러다임이
만들어지지 않는다면, 제도는 새로운 형태의 가족을 놓칠 수밖에 없다.
이미 제도 내에서 배제되고 있는 1인 가구와 시대착오적인 저출생
정책이 이를 방증한다. 무조건적인 돌봄 확대는 밀레니얼 세대의
자아실현을 가능케 할지는 몰라도, 완벽한 가족과는 멀어진 정책이다.
전문가 오은영은 이들이 경험하는 괴리를 확실한 언어로 해결하는,
임시방편으로 등장한 사회적 현상에 가깝다.

IT MATTERS

모두 달성하기 어려운 수식어들 사이에서, 밀레니얼 세대의 부모는
선택해야 한다. 돌봄에 충분한 시간을 할애하고 자신의 커리어를
잠시 멈출 것인지, 혹은 매 저녁 손맛이 깃든 밥상을 만드는 대신
재정적 안정성을 양보할 것인지. 현대의 가정은 이 선택의 과정에서
다양한 형태로 분화한다. 누군가는 가족과 잠시 떨어져 살면서
주말의 여행으로 온기를 느끼고, 또 누군가는 아이와 함께 새로운
도전을 시작하기도 한다. 전통적인 가족은 시대가 공유하는 의례를
만들었다면, 지금의 가족은, 마치 100여 종이 넘는 밀키트의 메뉴처럼,
수없이 다양한 모습을 갖추게 됐다.
　　스테레오 타입의 소멸은 공통된 시대적 감각을 흐릿하게 하지만,

한편으로는 이를 새로운 시대를 준비하는 기회로 삼을 수 있다. '정상 가족'이라는 범주가 희미해진 틈을 타, 정상의 범위를 확장하는 것이다. 과거의 가족이 오랜 시간을 들여 차려진 '엄마의 손맛'을 공유하는 사이였다면, 지금의 가족은 함께 밀키트의 메뉴를 고민하는 사이다. 그렇다면, 식구의 의미도 달라질 수 있다. 지금의 가족은 관계를 만들기 위해 각기의 방법으로 노력하는 모든 이들을 지칭한다.

작년 10월, 함께 사는 친구를 입양한 은서란 씨의 사례가 소소한 화제가 됐다. 은 씨는 "생활동반자법이 없는 우리나라에서 법적으로 가족이 되는 방법은 결혼, 출산, 입양밖에 없다"며 동거인 친구를 입양한 이유를 밝혔다. 친구를 입양한 낯선 사례와 밀키트를 고르는 밀레니얼 가족 사이는 그다지 멀지 않을지 모른다. 그들이 모두 사회가 만든 '정상 가족'이라는 통념에 대항하고 있다는 점에서 그렇다. ●

©Анна Маркина

여행이나 장소 정보를 제공하는 플랫폼 기업들이 엔데믹에 맞춰 리뷰 생태계 확장을 꾀하고 있다. 네이버는 지도와 연동되는 리뷰 플랫폼 '마이플레이스'에서 결제 인증이 불가한 지역·자연 명소에도 리뷰를 남길 수 있게 개편했다. 트래블 테크 플랫폼 와플스테이는 온라인 여행사 익스피디아(Expedia)와 파트너십을 맺고 리뷰를 연동할 수 있게 했다. __ 이현구 에디터

WHY NOW

좋은 곳을 여행하고픈 마음은 모두 같다. 요즘 여행 플랫폼들은 최저가
비교와 예약은 물론 모빌리티까지 원스톱으로 제공한다. 하지만 그것이
좋은 여행 경험을 보장하진 않는다. 다들 리뷰를 참고하는 이유다.
기술은 리뷰를 쉽게 만들었지만 올바른 리뷰 문화를 정착시키는 건 늘
난제였다. 트래블 테크는 여행자들에게 해법을 제시할 수 있을까? 이는
리뷰를 참고하고 작성하는 모두가 숙고해볼 문제다.

리뷰 사회의 그림자

한국은 리뷰 사회다. 음식도 여행도 리뷰 확인은 필수다. 레퍼런스를
찾고픈 마음은 역효과도 불렀다. 지난 2020년 쿠팡이츠에서는 한
이용자가 분식집에서 주문한 새우튀김에 불만을 품었다. 집요한
클레임과 쿠팡이츠 측의 책임 회피는 점주의 극단적 선택으로
이어졌다. 허위 혹은 광고성 리뷰도 난제다. 한국소비자연맹이 온라인
쇼핑 이용 후기에 대해 조사한 결과 97.2퍼센트의 소비자가 구매 전
이용 후기를 확인하지만 이용 후기를 신뢰한다는 비율은 70.2퍼센트로
비교적 낮게 나타났다. 디지털 인민재판과 유용한 참고 자료 사이,
플랫폼의 고민은 깊어졌다.

ⓒ사진: abillion

신뢰도와 디인플루언서

리뷰는 이용자뿐 아니라 플랫폼에게도 중요하다. 플랫폼은 사람을
모아 활동을 유도하고 거기서 나온 데이터를 분석해 맞춤형 광고를
노출하거나 새로운 서비스를 출시한다. 리뷰는 귀중한 데이터다.
왓챠는 7억 건의 영화 리뷰를 통해 맞춤형 콘텐츠를 추천해 성공했고,
C2C로 나아가는 네이버도 블로그·지도·플레이스 등 서비스의
대부분이 리뷰에 초점이 맞춰져 있다. 그러나 리뷰의 신뢰도가 없다면
무용지물이다. 이용자들은 점점 깐깐해지고 있다. 특정 물건을 사지
말라며 냉정하고 솔직한 리뷰를 하는 '디인플루언서(de-influencer)'
열풍이 그 방증이다.

생성 AI와 가짜 리뷰

플랫폼은 가짜 리뷰와 전쟁 중이다. 배달의민족은 2022년 말
아예 국제표준화기구(ISO)가 만든 '온라인 소비자 리뷰 국제
규약(ISO20488)'을 토대로 리뷰 운영 정책을 손봤다. 그러나 생각지도
못한 복병이 등장했다. 생성 AI다. 아마존은 챗GPT 등을 이용해 적은
가짜 리뷰로 골머리를 앓고 있다. 이용자 유치를 위해 대부분 플랫폼은
리뷰에 리워드를 지급하는데 이를 남용한 것이다. 몇 자더라도 후기를
글로 옮기는 작업은 수고롭다. 기업들은 이를 다시 AI로 사전 감별하는
시스템을 도입하고 있다. AI 전쟁이 리뷰 생태계로도 확전하는
모양새다.

리뷰와 여행 산업

리뷰의 중요성은 여행 산업에서 특히 부각된다. 상품이야 어쩌다 한 번 실망하고 말아도 여행은 그럴 수 없기 때문이다. 인플레이션도 막지 못한 여행 수요는 코로나 이전처럼 회복되고 있다. 국토교통부에 따르면 2023년 1~3월 국제선 항공 여객 수는 1388만 명으로 전년 동기 대비 12.7배 증가했다. 소비 의지는 크지만 신중히 모은 돈을 금리 때문에라도 함부로 쓸 수 없는 상황이다. 기왕이면 다른 지출에 비해 효용이 큰 여행을 선택했기에 소비자는 더 많은 조건을 따져 묻게 된다. 지금 트래블 테크가 리뷰 생태계 확장에 열을 올리는 이유다.

코로나 이후의 여행자

코로나 이후 여행자들은 젊고 체험적이며 기술 친화적이다. 하나투어에 따르면 지난해 국외 여행 예약자 중 20~30대의 비율은 30퍼센트로 2019년의 16.3퍼센트에 비해 두 배였다. 미국도 Z세대를 중심으로 여행 수요가 두드러진다. 데이터 리서치 기업 '모닝컨설트'에 따르면 비교적 낮은 소득 수준에도 불구, Z세대가 지난 1년간 3회 이상의 여행을 다녀온 것으로 조사됐다. 여행의 이유를 묻는 질문에 다른 세대보다 두드러지는 답변은 모험과 정신 건강, 문화 경험이었다. 여행자는 다채로운 정보를 원한다. 안전하고 신뢰할 수 있으며 감도 높은 리뷰 환경 조성이 필요한 것이다.

평가 정보에서 취향으로

잘 만들어진 기술은 불편을 해소하는 것을 넘어 문화를 만든다. 여행
플랫폼은 아니지만 지역 정보와 리뷰 제공자로서 네이버의 접근법은
차별점이 있다. 검열 강화보다 선한 동기를 유발하는 데 초점을
맞췄기 때문이다. 2021년 마이플레이스에선 별점이 사라졌다. 대신
"깨끗해요", "조용히 쉬기 좋아요" 등의 업체별 맞춤형 키워드 리뷰
시스템이 생겼다. 네이버에 따르면 베타 기간 이용자의 81퍼센트가 새
리뷰 시스템에 더 만족했다. 이 같은 노력으로 리뷰의 의미는 변하고
있다. 평가 정보가 아닌 취향과 공감의 장이 된 것이다.

리뷰의 커뮤니티 콘텐츠화

서로의 정보와 의견을 공유한다는 특성 탓에 리뷰는 커뮤니티와
곧잘 연결된다. 이는 관심사 기반의 커뮤니티 서비스에 집중하는
대부분 플랫폼의 전략과도 맞아떨어진다. 그 중심엔 콘텐츠가 있다.
여기어때는 다양한 숙박 시설을 이용 후 상세 후기를 남기는 슈퍼
리뷰어 커뮤니티 '트립홀릭'을 모집하고 있다. 여기에 여행 취향이
비슷한 멤버들의 오프라인 모임 및 온라인 클래스를 연다. 네이버
마이플레이스는 애초에 소셜 미디어 형태로 만들어졌다. 지역·자연
명소의 리뷰는 방문 인증을 사진과 동영상으로 갈음해 '로컬 콘텐츠'로
탈바꿈시켰다.

IT MATTERS

2세대 여행 산업은 온라인 리뷰와 함께 컸다. 세계 1위 여행 정보

플랫폼 트립어드바이저(Trip Advisor)나 2세대 온라인 여행사(OTA)인 익스피디아 등이 대표적이다. 평가 정보로서 더 많은 여행지 정보와 리뷰를 끌어모으는 것이 핵심이었다. 그러나 2세대 OTA는 악성 혹은 허위 리뷰와 끊임없이 싸워야 했다. 모니터링만이 유일한 해답처럼 보였다. 그러나 3세대 트래블 테크는 다르다. 리뷰의 속성을 근본적으로 바꾸고 이용자 중심의 생태계를 꾸려나가고 있다. 익스피디아 그룹, 부킹홀딩스, 에어비앤비, 트립닷컴 등이 90퍼센트 이상 점유한 글로벌 OTA 시장의 지각 변동이 예상되는 이유다.

3세대 트래블 테크가 그리는 미래는 웹 3.0 생태계다. 웹 2.0은 플랫폼이 정보 소유와 통제의 주체였다. 웹 3.0은 정보의 주체가 이용자다. 와플스테이나 트립비토즈 등 3세대 한국 트래블 테크는 영상 리뷰의 확장과 함께 '트래블 투 언(T2E)' 모델을 제시하고 있다. 리뷰를 쇼트폼 영상으로 올리면 숙박 마일리지나 디지털 재화 등 보상을 주는 방식이다. 애초 영상 기반 커뮤니티 여행 플랫폼으로 출발한 트립비토즈는 웹 3.0 기업 네오핀과 손잡고 올해 2분기 전 세계 젊은 여행자들이 소통할 수 있는 '트래블 웹 3.0' 생태계를 선보일 예정이다. 여행의 미래는 웹 3.0에 있다. **ⓣ**

©사진: David Preston

2010년대 호황을 누렸던 온라인 미디어 회사들이 연이어 위기를 맞고 있다. 지난 4월, '버즈피드(buzzfeed)'는 뉴스 부서를 폐지했고, '바이스(Vice)'는 파산보호를 신청했다. 버즈피드는 한때 《뉴욕타임스》를 넘어 전 세계 언론사 중 온라인 방문자 수 1위를 기록했던, 유니콘 미디어였다. __ 김혜림 에디터

WHY NOW

이들의 몰락은 개별 회사의 위기가 아니다. 연이은 은행의 파산처럼, 과거에는 견고했던 온라인 플랫폼 기반의 저널리즘에 거대한 위기가 닥쳤음을 말한다. 소셜 미디어에 의존하는 온라인 언론은 끝을 맺었다. 클릭만으로 소셜 미디어의 거대한 타깃팅 광고 시장을 넘어서기도 어렵다. 소셜 미디어 이후의 미디어는 이제 정말로 독립해야 한다.

버즈피드와 바이스

드레스 색깔 논란으로 익숙한 언론사가 있다. 2006년 설립된 디지털 미디어 '버즈피드(buzzfeed)'다. 버즈피드는 인터넷 사이트에서 흥미로운 이야기를 모아 보여 주는 웹 큐레이팅으로 출발했다. 2011년에는 폴리티코 출신의 저널리스트 벤 스미스를 편집장으로 영입하면서 뉴스 서비스에 본격적으로 힘을 쏟기 시작한다. 소셜 미디어가 수없이 모습을 바꿨던 10년 동안 버즈피드의 수익성은 악화했다. 결국, 지난 4월 20일 버즈피드 뉴스는 마침표를 찍는다. 청년층을 겨냥한 콘텐츠로 인기를 끈 바이스 미디어 그룹 역시 지난 5월 15일, 파산 보호를 신청하고 회사 매각을 추진한다고 밝혔다.

버즈피드 뉴스는 한때 중국의 인권 탄압 심층 보도로 퓰리처상을 받기도 했어

2010년대의 새로운 문법, 클릭

2010년대로 돌아가 보자. 버즈피드와 바이스 등의 신흥 온라인

언론들이 촘촘했던 기성 언론 시장을 뚫어낼 수 있었던 건 당시 미디어 환경의 변화 덕이었다. 전 세계가 연결되던 2010년대, 소셜 미디어 플랫폼은 대안 언론의 역할을 수행했다. 뉴스 소비자는 다양한 색깔의 콘텐츠를 모아 볼 수 있는 소셜 미디어 피드가 특정 색을 대표하는 기성 언론보다 대안적이라고 평가했다. 뉴스 공급자에게는 사이트 유입을 돕는 소셜 미디어가 인쇄 매체 수익 감소에 맞서는 유일한 대안이 됐다. 클릭과 공유를 기반으로 퍼져나가는 바이럴 언론이라는 새로운 문법이 2010년대, 소셜 미디어의 품에서 태어났다. 버즈피드는 소셜 미디어 환경에 적응한 첫 번째 온라인 언론사였다.

알고리즘 리스크

2010년대 새로이 등장한 디지털 저널리즘은 당시의 미디어 환경을 영리하게 이용한 이들이기도 했지만, 동시에 그에 의존적이기도 했다. 믿을 수 있는 연결을 기반으로 했던 소셜 미디어 피드는 빠르게 나에게 맞는 정보를 추천하는 알고리즘에 잠식당했다. 미국 대선을 거친 2010년대 중반부터, '소셜 미디어의 언론화'에 대한 우려의 목소리가 커진다. 알고리즘 리스크다. 뉴스 공급자는 알고리즘의 블랙박스를 예측할 수 없었고, 대중은 알고리즘이 촉발한 정보의 범람과 양극화에 지쳐 갔다. 소셜 미디어의 알고리즘과 뉴스피드가 오히려 공론장 형성에 해가 되고 있다는 진단이 줄을 이었다.

사라지는 광고주

소셜 미디어의 블랙박스화는 이들의 신뢰도에만 영향을 미친 것이 아니었다. 디지털 언론은 광고 수익에서도 빠르게 변화하는 미디어 환경에 적응할 수 없었다. 광고주의 입장에서 버즈피드의 '입소문'보다 매력적인 건 소비자를 정확히 파악하는 소셜 미디어의 데이터 기반 타깃 광고였다. 소비자 개개인의 최근 관심사를 속속들이 알고 있는 소셜 미디어와는 달리, 디지털 언론들은 광고 소비자의 인구 통계조차 알 수 없었다. 단발적인 클릭에 기반을 두고 있기에 누가 웹사이트에 정기적으로 방문하고 있는지도 판단하기 어려웠다.

©사진: Koshiro

플랫폼의 변화

뉴스를 소비하는 주요 플랫폼도 변화했다. 로이터 저널리즘 연구소가 발간한 '디지털 뉴스 리포트 2022'에 의하면 틱톡은 가장 빠르게 성장한 뉴스 네트워크였다. 전 세계 18~24세의 40퍼센트가 틱톡을 경험했고, 전체의 15퍼센트는 틱톡을 뉴스 플랫폼으로 소비했다. 플랫폼 환경이 변화하자 텍스트 중심의 소셜 미디어에 기반을 뒀던 온라인 미디어도 흔들리기 시작했다. 플랫폼 시장의 변화는 이들이 좋은 기자나 양질의 콘텐츠를 모으는 것에도 악영향을 줬다. 버즈피드에서 뉴미디어 매체인 '세마포(Semafor)'로 자리를 옮 벤 스미스는 좋은 콘텐츠를 가진 사람은 한 미디어 회사에 소속돼 일하는 것보다 유튜브나 뉴스레터, 1인 미디어로 확장해 독립적인 미디어를 설계해 나가는 것이 훨씬 이득일 것이라 말했다.

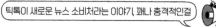
틱톡이 새로운 뉴스 소비처라는 이야기, 꽤나 충격적인걸

소셜 미디어 저널리즘의 몰락

벤 스미스는 언론이 하는 일은 기술적인 게 아닌 문화적인 것이라
말한다. 그리고 "문화는 언제든 변할 수 있다." 버즈피드와 바이스는
이러한 문화적 변화에 제대로 대응하지 못했다. 버즈피드와 바이스
등의 디지털 저널리즘은 소셜 미디어라는 외부 플랫폼의 가변성에
탑승해 새로운 가치를 창출해 낼 수 있었다. 하지만 지금은 그
가변성으로 인해 새로운 곳을 찾아 떠나야 하는 상황에 놓였다. 요컨대
그들의 실패는 소셜 미디어라는 외부에 의존했던 결과였다.

소비자가 원하는 것

플랫폼이 변한 만큼 소비자도 변했다. 지금의 소비자들에게 쏟아지는
뉴스는 피곤한 대상이며, 동시에 불신의 핵에 위치한다. '퓨 리서치
센터'가 연구한 바에 따르면 전체 응답자의 3분의 2가 뉴스에 지쳤다고
답했다. 미국 성인 네 명 중 한 명은 뉴스가 정치적 양극화를 촉진하고
있다고 생각하며, 절반가량이 미디어를 불신했다. 기성 언론은 현실
정치의 맹목적인 팬덤에 의존하고, 디지털 언론은 소셜 미디어라는
플랫폼에 의존했다. 전자는 양극화를, 후자는 피로감을 부른다.
둘 모두가 실패했다면, 그 바깥은 결국 모두로부터의 독립이다.
《뉴욕타임스》는 믿음직한 정보 유통처를 자처했고, '레딧'은 민주적인
커뮤니티를 지향했기에 시시각각의 문화적 변화에 대처할 수 있었다.

이들은 요동치는 외부에 의존하지 않고 꿋꿋이 자리를 지켰다.

IT MATTERS

매거진 '플립보드(Flipboard)'는 새로운 소셜 미디어에서 답을 찾고 있다. 이전의 방식에서 발견된 문제점을 극복하는 식이다. 그들은 믿음직스러운 큐레이팅을 복원하고자 한다. 플립보드는 분산형 소셜 미디어 생태계인 '페디버스(Fediverse)'를 통해 데스킹된 뉴스 큐레이션을 제공하겠다고 밝혔다. 뉴스, 기술, 문화, 과학 네 개로 구성된 데스크는 양질의 콘텐츠를 직접 발견하고, 정리하는 전문적인 사람 큐레이터에 의존한다.

지금은 오염된 '팬덤'이라는 단어를 하나의 레퍼런스로 삼을 수도 있다. 해당 미디어의 가치에 공감하고, 그들의 콘텐츠를 믿을 만하다고 평가하고 소비하는 커뮤니티가 그것이다. 다양성 영화를 주로 제작하는 'A24'와 같은 영화 제작사는 자체 멤버십을 운영하며 OTT 외부에서 자체적인 커뮤니티를 꾸리고 있다. 세마포는 정보와 기자 개개인의 관점을 강조하며 관점이 오가는 미디어를 표방한다.

기존의 학술과 출판 네트워크를 활용해 커뮤니티 기반의 비즈니스 모델을 확장할 수도 있다. 베르그루엔 연구소가 발간하는 《노에마 매거진(Noema Magazine)》,《아메리칸 어페어(American Affairs)》와 같은 롱 폼 기반 미디어는 출판과 온라인, 학자와 독자가 연결된 커뮤니티 생태계를 구축하고 있다. 견고해 보이는 광고와 클릭, 알고리즘과 플랫폼 기업 바깥에서도 다음 세대의 미디어를 짐작해 볼 수 있다. ●

애플이 애플 카드용 저축 계좌 상품을 내놨다. 이목을 끄는 건 높은 금리다. 미국 전역 저축성 예금의 연 이자율 평균은 0.35퍼센트인데 애플의 저축 상품은 4.15퍼센트로 무려 열두 배다. 애플 카드 발급자에 한해 지갑(애플 월렛)에서 간편히 개설할 수 있고 다른 은행과 달리 수수료나 최소 예금 조건도 없다. 금융 시장 전반에 지각 변동이 일어날 것이라는 관측이 나온다. __ 이현구 에디터

WHY NOW

'애플 통장'의 등장은 애플의 금융업 진출 본격화를 의미한다. 은행이자
카드사, 기기 제조사인 괴물이 탄생할지 모른다. 금융은 신뢰가
핵심인데 로열티도 높다. 손대는 것마다 혁신했기 때문이다. 이번에도
단순 저축 계좌를 넘어 압도적 고금리라는 에지(edge)를 들고 나왔다.
애플은 금융도 혁신할 수 있을까? 사과 속에 독은 없는지 살펴본다.

애플페이 공습 경보

지난 3월 21일 국내 상륙한 애플페이는 출시 첫날 오전에만 17만 명
이상의 사용자를 모았다. 카드사와 지급 결제 업체, 점포 사장님들은
결제 수수료와 NFC(단거리 무선 통신) 단말기 보급 문제로 일찍부터
비상이었다. 애플이라는 임팩트를 제외하면 여기까진 여타 핀테크의
확장과 유사하다. 애플페이는 돈이 흐르는 상수도 끝에 애플
수도꼭지를 놓는 것과 같다. 반면 애플 통장, 즉 애플세이빙(Savings)은
현금이 쌓이는 계좌다. 애플이 돈의 수원에 댐을 놓는 문제다.

ⓒ사진: Rubaitul Azad

애플의 금융 장악 시나리오

애플 통장이 당장 한국에 미칠 영향은 적다. 그렇다고 대비를 안 할 순 없다. 국내 상륙에 9년이 걸린 애플페이도 아직 시장에 충격을 주고 있다. 여기에 삼성페이까지 애플페이와 동일한 수수료를 카드사에 요구해 논란이 인다. 애플의 금융 장악은 온다. 2012년 월렛 출시부터 2014년 애플페이, 2017년 애플캐시(개인 간 송금), 2019년 애플카드, 갓 출시된 애플세이빙과 출시를 앞둔 애플페이레이터(BNPL, 선 구매 후 결제)까지. 애플은 착실히 '뱅크 오브 애플(Bank of Apple)'의 밑그림을 그려 왔다. 한국에 상륙한 것은 아직 2단계일 뿐이다.

> 하다하다 애플 은행까지 보게 될 줄이야

완벽한 금융 생태계

여기까진 업계 얘기였다. 소비자에겐 어떤 금융 경험의 변화가 일어날까? 제니퍼 베일리 애플 부사장은 저축 기능을 이렇게 설명했다. "월렛에 저축 기능을 추가해 사용자는 한 곳에서 데일리 캐시를 직접 사용하고, 송금하고, 저축할 수 있다." 데일리 캐시는 계좌 개설 후 애플카드를 쓸 때 사용액의 3퍼센트를 보상하는 제도다. 금융 앱도 은행도 필요 없이 아이폰이나 애플 워치만 있으면 돈을 쓰고 저장할 수 있다. 완벽한 금융 생태계다. 이로써 공고해지는 것은 금융, 아이클라우드, 애플뮤직, 앱스토어 등의 서비스 부문이다. 2022년 기준 애플 매출의 20퍼센트를 차지하며 그 비중이 늘어나고 있다.

뱅크런의 신호탄

파격적 조건은 파격적 여파를 부른다. 소비자의 돈이 애플로
옮겨간다는 것은 시중 은행에서 돈이 빠진다는 것을 의미한다.
특히 중소 은행에 치명적이다. 3월 초 미국의 실리콘밸리은행(SVB)
파산으로 이들은 유동성을 우려하는 고객들의 의심 어린 눈초리와
싸우고 있다. 올해 1분기 미국 대형 금융 회사들에서 인출된 예금은
600억 달러(79조 원)다. 애플은 기존 금융에 대한 대중의 신뢰도
하락을 틈타 이 돈을 노리고 있다. 애플 통장의 발표를 앞두고 뉴욕
증시에서 주요 은행의 주가가 급락하기도 했다. 문제는 뱅크런이
심화하면 금융 전반이 주저앉을 수 있고 이것이 다시 금리에 영향을 줄
수 있다는 점이다. 자승자박이다.

 벌써 금이나 비트코인을 사는 사람도 많지

Cannibalization

또 하나의 자승자박은 글로벌 투자 은행인 골드만삭스에서 발견된다.
골드만삭스는 애플 금융 서비스를 대행하는 파트너다. 애플은 사실상
금융 업체의 서비스를 거의 갖췄지만 은행 라이선스는 없다. 법적
지위를 얻기엔 리스크가 크니 파트너십을 이용하는 것이다. 이번 애플
통장의 돈도 골드만삭스 솔트레이크시티 지점에 예치된다. 문제는 애플
통장으로 인해 골드만삭스의 기존 고객을 놓치는 현상이 발생할 수
있다는 점이다. 데이비드 솔로몬 골드만삭스 CEO는 미국 경제 매체인
CNBC에서 '카니발리제이션(자기 시장 잠식)' 여부를 주시하고 있다고
밝혔다.

애플의 금융 독립, BNPL

골드만삭스조차 떨게 하지만 엄밀히 말해 애플은 아직 금융 분야를
독립하지 못했다. 애플페이, 애플카드 등에서 다양한 파트너사와
함께해 왔다. 그런데 지난 3월 말 애플이 자체 결제 기술과 인프라를
구축하고 있다는 보도가 나오며 상황이 반전됐다. 이 때문에 애플의
BNPL이 크게 주목받고 있다. 금융사와의 제휴 없이 애플이 독자적으로
제공하는 첫 금융 서비스기 때문이다. 후불 결제는 사실상 소액 대출과
동의언데 애플은 이 자금까지 자회사 애플파이낸싱을 통해 조달하고자
한다. 통장이 아니라 BNPL이 애플의 진짜 금융업 진출이라는 얘기가
나오는 이유다.

©사진: Michael lima

Walled Garden

금융 독립에 박차를 가하는 것은 애플의 '월드 가든(Walled Garden)'
스타일과도 맞아떨어진다. 금융 서비스 전반에 대해 더욱 강한
통제권을 원하는 것이다. 이제껏 애플은 자사 앱스토어나 하드웨어에서

자신들의 규격을 강요해 왔다. 이는 '앱 추적 금지(ATT)' 등 개인 정보 보호 정책을 강화하는데 도움이 됐지만 지금 애플이 진출하려는 것은 금융이다. 금융은 대표적 규제 산업이다. '연방거래위원회(FTC)'의 수장은 빅테크의 저승사자로 불리는 리나 칸이고, 조 바이든 미국 대통령 역시 지난 1월 11일 《월스트리트저널》에 빅테크 규제에 대한 초당적 협력을 촉구했다. 애플이 더 많은 통제권을 원할수록 규제도 강해진다.

IT MATTERS

이제껏 애플만큼 소비자의 삶 전반에 침투한 기업은 없다. 애플이 최종적으로 금융 서비스 대부분을 독자적으로 수행하게 되면 애플은 아이폰 사용자의 '모든 것'이 된다. 금리로 미국 전역 은행 상품 중 11위에 해당하는 저축 계좌, 디바이스부터 운영 체제(OS), 자체 결제 시스템까지 연동되는 전례 없는 생태계가 완성되려 한다. 소비자에겐 또 한 번 혁신의 순간이다. 하지만 이것이 전 세계 10억 명의 사용자 모두에게 확대될지는 미지수다. 기기와 기기에 딸린 서비스를 파는 건 쉽지만 금융은 나라마다 규제와 상황이 다양하기 때문이다. 가령 애플의 BNPL이 한국에 들어오려면 네이버파이낸셜처럼 금융위에서 혁신금융 서비스로 지정돼야 한다. 게다가 애플이 파격 조건으로 시장 교란을 할 것이 뻔한 상황에서 덜컥 애플을 받아들이긴 쉽지 않을 것이다.

애플의 독립 기술이 BNPL이라는 점도 변수다. BNPL은 2020년 기준 향후 5년간 400퍼센트 성장이 예상되는 분야지만 주 사용층은 '씬 파일러(Thin Filer)' 즉 금융 이력 부족자다. BNPL이 금융 거래 실적이 적어 신용 등급이 낮은 이들의 대안으로 부상하는 만큼, 연체율 관리는

BNPL에 진출하는 핀테크 모두의 문제다. 금융에서 애플이 배타성을 발휘한 분야가 후불 결제라는 점은 자신감이자 위험 요소다. 물론 애플 구매 고객은 상대적으로 수입이 높은 편에 속한다. 애플의 현금 보유량 역시 730억 달러 규모로 세계에서 가장 많은 현금을 들고 있는 기업에 속한다. 그러나 거시 환경의 악화는 언제든 사용자의 재무 상태를 악화할 수 있고, 규제 당국은 이를 매의 눈으로 지켜볼 것이다.

애플과 미국 금융 업계의 신경전처럼 한국에서도 5월 31일 개시되는 대환대출 플랫폼을 두고 빅테크·핀테크 업계와 금융권의 갈등이 있다. 대환대출은 여러 대출 상품을 비교해 지금보다 더 낮은 금리의 대출 상품으로 갈아탈 수 있게 만드는 금융 당국의 서비스다. 경쟁 촉진으로 소비자의 이익을 도모하려는 목적이다. 시중 은행은 이에 반발해 왔고 빅테크·핀테크는 반사 이익을 기대하고 있다. 성과급 잔치로 기존 금융권에 대한 대중들의 인식은 좋지 않다. 하지만 무작정 새 도전자의 유입이 금융 혁신인 것은 아니다. 소비자에게 확실히 이익이 되는지, 이제껏 쌓아온 로열티가 얼마나 공고한지, 유동성이 충분히 확보되었는지, 애플처럼 얼마나 원스톱 솔루션을 갖추었는지 자문해야 한다. 최근 국내 핀테크는 이색적인 초단기 적금을 내놓고 있지만 고금리에도 실제 이자 이익은 적다는 지적이 많다. 규제 혁신을 외치기 이전에 스스로의 혁신을 자문해야 한다. ❼

소비자들은 현명하다구~

중국이 대대적인 간첩 색출 작전을 벌이고 있다. 올 상반기 중국
보안당국과 공안은 여러 기업을 급습해 사무실을 압수 수색하고
직원들을 조사했다. 국내외 기업을 가리지 않지만 주로 표적이 된
건 외국계, 그중에서도 미국 기업이다. 미국 컨설팅 회사 캡비전,
베인앤드컴퍼니 등이 당했고 기업 실사 업체 민츠그룹에선 직원 5명이
연행됐다. 지난 3월 26일 일본 제약 회사 아스텔라스의 직원은 아예
스파이 혐의로 구금됐다. 중국 내 외국계 기업들은 긴장하고 있다.

＿ 이현구 에디터

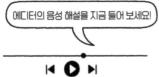

에디터의 음성 해설을 지금 들어 보세요!

방법은 조금씩 달라도 이 같은 움직임은 유럽과 러시아, 미국 등 여러 나라에서도 발견된다. 세계가 간첩 색출에 열을 올리는 것은 위험한 신호다. 첩보전은 안보 위기를 전후해 활개 치기 때문이다. 외교·안보적 긴장 수위가 올라가면 해외에 진출한 기업들이 위험해진다. 국가 권력이 안보 위기를 이유로 개인의 자유를 침해할 가능성도 커진다. 북한과 대치 중인 우리나라도 이 문제에 무관하지 않다. 국제적 스파이 전쟁의 실체는 무엇인가.

©사진: jgolby

라이프 오브 (스)파이

간첩은 있다. 정보 획득을 목적으로 외교관이나 기업인을 가장해 숨어들기도 하고 사회 운동가를 표방해 특정 여론을 조장하기도 한다. 2023년 3월, 《뉴욕타임스》에는 미국 기업인의 지적 재산권을 훔치려는 중국 간첩의 실화가 소개됐다. 미국 국적의 한 중국계 기업인은 중국 현지 행사에 전문가로 초대된다. 미국에 돌아온 그는 영문도 모른 채 미국 연방수사국(FBI)의 취조를 받게 되고 FBI의 향후 수사에

협조하기로 한다. 이후 중국 행사에서 알게 된 한 호스트는 그에게
회사 컴퓨터에서 민감한 자료를 다운받아 줄 것을 설득한다. 수사 공조
끝에 그 스파이는 체포된다.

FBI는 대체 어떻게 알았던 걸까?

비밀 경찰서와 GRU

첩보 활동은 내밀하면서도 대담하다. 지난 4월 FBI는 뉴욕
차이나타운에서 중국 향우회 운영자 두 명을 '비밀 경찰' 혐의로
체포했다. 중국은 해외 각국에 비밀 경찰서를 두고 반(反)체제 인사를
조사하거나 첩보 활동을 한다는 의혹을 받아 왔다. 또 하나 요주의
국가는 소련 시절 KGB, 현재는 GRU로 악명을 떨치는 러시아다. 독일,
노르웨이, 스웨덴, 프랑스 등은 지난 4월에만 자국 내 러시아 외교관
수십 명을 스파이 혐의로 추방했다. 러시아 스파이의 대담성은 푸틴의
정적 알렉세이 나발니 독살 미수 사건에서도 드러난다. 우크라이나
전쟁이 한창인 지금, 스파이 활동이 기승을 부리는 건 이상한 일이
아니다.

세계 간첩 활동 통계 편람

간첩 활동은 과거보다 얼마나 많아졌을까? 물론 〈세계 간첩 활동
통계 편람〉 같은 자료는 없다. 국가 기관의 발표로 알 수 있을 뿐이다.
간첩 적발 건수가 많아졌다는 것은 복합적 의미가 있다. 정말 간첩이
많아졌거나, 수사를 강화했거나, 발표 건수를 늘렸거나. 《가디언》은
러시아 스파이가 하루가 멀게 검거 및 추방되는 현상이 과도한 검거
때문은 아닌지 질문을 던진다. 기사 말미에서는 러시아인 불법 체류자
몇 명이 스파이 혐의로 검거된 것을 두고, 러시아에서 스파이 혐의로

억류된 《월스트리트저널》의 기자, 에반 게르슈코비치 등 서구 인질들의
교환용일 수 있다는 의혹을 제기한다. 검거 과정에서 존재할지 모를
불법성은 은폐된다.

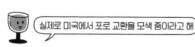
실제로 미국에서 포로 교환을 모색 중이라고 해

중국의 방첩법 강화

같은 문제는 중국에도 제기된다. 중국은 지난 4월 방첩법을 크게
강화했다. 스파이 행위를 '대리인에 협력하는 행위' 등으로 더 폭넓게
해석하고 지켜야 할 정보의 범위를 넓혔다. 기존엔 국가 기밀이나
정보만이 보호 대상이었으나 수정안은 "국가 안보나 이익에 관련된
문건·데이터·자료·물품"으로 확대했다. 올 7월부터 적용이지만
예고는 시작됐다. 올 상반기 조사한 외국계 기업들이 주로 기업 실사나
컨설팅을 담당하는 곳이었기 때문이다. 앞서 중국 스파이의 사례처럼
중국도 외국계 기업을 '대리인의 조력자'로, 특정 기업 정보를 '국가
기밀'로 볼 여지가 마련된 셈이다. 한국 기업에도 북한을 빌미로
언제든 적용될 수 있다.

©사진: AlinStock

차이나 불리잉이 향하는 것

중국의 방첩법 개정안은 새로운 형태의 차이나 불리잉(China Bullying)으로 볼 수 있다. 미국은 그간 인공지능과 반도체, 배터리 등 첨단 산업 공급망에서 중국을 배제해 왔지만 중국은 외국인 투자와 첨단 기술에 있어 서방의 주요국을 배제하기 어려웠다. 그러나 지난 3월 미국 반도체 기업 마이크론마저 중국 철수를 결정하자 대응 수위를 높인 것으로 풀이된다. 그간 중국은 외교 리스크를 무역 보복으로 갚아주곤 했다. 첨단 산업은 직접 겨냥하기 어려우니 정보 제한을 새로운 카드로 꺼내 든 것이다. 투자와 공장 설립 등은 환영하지만 중국 시장이나 산업 기술에 대한 정보는 제한하겠다는 자신감은 중국 시장의 크기에서 나온다.

외교 언어의 기출 변형

체제 경쟁이던 냉전 시기와 달리 지금의 국제 관계는 기술 경쟁 양상을 보인다. 민간 기업이나 직원에 스파이 혐의가 적용되기 시작했다는 점은 '경제 안보'의 공식화를 의미한다. 보통 국가 간 갈등이 생길 때 이를 대응하는 일선의 기관은 대사관이다. 외교관을 초치 혹은 추방하거나 외교관을 다리 삼아 상대국과 조율을 이어가기도 한다. 서로 약속된 절차다. 그러나 민간인이 스파이 혐의로 구속되거나 기업에 조사가 들어가면 상대국에서 대응이 어렵다. 특히 상대가 민주주의 국가일 때 그 효과는 배가된다. 구류된 자국민 하나를 위해 다양한 외교적 리스크를 감수해야 한다. 공식 외교 관계를 단절하는 것보다 효과적이다.

정치 양극화와 낙인 문제

스파이 색출 작전은 외교 무대만을 타깃한 것이 아니다. 국내 정치적
의도도 있다. 권위주의 국가에선 반체제 여론을 특정 국가와 엮어
민족주의를 강화할 수 있다. 중국과 러시아, 북한이 대표적이다.
민주주의 국가에서도 보호주의의 내러티브를 안보와 연결해 극우
유권자들에 호소할 수 있다. 문제는 그 과정에서 정치 양극화가
심해지고 서로를 향한 낙인이 빈발한다는 점이다. 우리나라에선 지난
5월 10일 민주노총 전직 간부 네 명이 북한의 지령을 받아 간첩 활동을
벌였다는 혐의로 구속됐다. 사실로 드러나면 대단한 이적 행위다.
그러나 재판이 시작되기도 전에 일각에선 벌써 노조와 주사파, 간첩을
동의어로 놓기 시작했다. 여론은 분열된다.

 어떻게 보면 이게 가장 큰 문제가 아닐까?

IT MATTERS

각국의 스파이 색출전엔 각자의 사정이 있다. 유럽은 러시아 제재의
정당성을 위해 자국의 안보가 위협받고 있다는 이야기가 필요하다.
러시아는 체제 안정과 우크라이나 침공 정당화를 위해 유럽의
악마화가 필요하다. 미국은 하드 파워를 넘어 기술력과 소프트
파워까지 부상하는 중국을 누르기 위해 '중국 위협론'이 필요하다.
게다가 유럽과 더불어, 포로 교환을 위해 러시아 간첩을 만들어서라도
확보해야 한다. 중국은 서방의 탈중국과 디커플링, 대만 문제 등을
간접적으로 견제하기 위한 묘수로 간첩 문제를 꺼내 들었다. 국제
사회를 병들게 하는 외교적 방식일지언정 대개 국익을 위해 치밀하게

계산된 언사다.

안보는 국익의 관점에서 출발한다. 이것이 체제의 문법으로 쓰일 때 가치의 관점이 더해진다. 영악한 외교는 가치를 내세워 국익을 취한다. 절박한 외교는 국익을 내세워 가치를 취한다. 미국은 스파이 풍선을 빌미로 중국을 비난하며 여론전을 폈다. 10대에게 악영향이 있고 데이터를 무단 수집한다며 틱톡을 제재하려 한다. 동맹국의 감청을 안보 우산을 이유로 눈감고 외교 무대에서 타국의 적국을 명시적으로 이르는 행위에 국익은 없다. 정치적 사익이 있을 뿐이다.

무엇보다 가치 외교는 힘 있는 국가의 방식이다. 기존의 강대국이 아닌 신흥 국가들이 모두 철저한 실용주의를 펴는 건 이 때문이다. 스파이 혐의는 가치 외교를 펴는 국가에 대한 효과적 대응 전략으로 자리 잡고 있다. 우리나라는 과연 새로운 외교적 언어에 대응할 준비가 되었는지 자문해야 한다. ☎

중국이 전 세계 인구수 1위 자리를 내줬다. 인도의 인구는 14억 2800만 명으로 중국을 추월했다. 저렴한 노동력으로 '세계의 공장'이 되었던 중국의 역할을 대신할 것이라는 전망이 나오는 한편, 인도 내부에서는 인구 증가에 대한 의견이 엇갈린다. 인구 억제 정책을 시행해야 한다는 이야기까지 나오는 상황이다. __ 정원진 에디터

WHY NOW

인구 증가는 인도에 기회일까, 위기일까? 여러 우려에도 불구하고
인구 증가는 기회다. 5월 2일 발표된 국제통화기금(IMF)의
경제전망보고서에 따르면, 인도는 2023년 한 해 5.9퍼센트 성장할
전망이다. 나아가 인도는 독자적 외교 행보로 미국·중국·러시아
사이의 균형을 유지하는 새로운 힘으로 떠올랐다.

인구 대국 인도

2023년 초 기준 인도 인구는 약 14억 2800만 명이다. 인구 면에서
절대 강국의 지위를 유지해 온 중국은 60년 만에 처음으로
인구 감소세를 보이고 있다. 출생률도 최저치를 기록하고 있다.
유엔경제사회처(DESA)는 4월 말 기점으로 인도 인구가 중국을
추월할 것이라고 발표했다. 인도에서는 인구 억제 정책을 두고 논쟁이
벌어졌다. 집권당인 인도국민당(BJP)의 한 의원이 대법원에 한 가정당
자녀 수를 두 명으로 제한하지 않으면 지원을 축소하는 정책을 시행할
것을 촉구했다.

감당할 수 없는 상황

2019년, 나렌드라 모디 총리는 많은 인구가 국가 발전을 방해하고
있다고 말했다. 정부가 감당하지 못할 정도로 빠르게 인구가
증가하고 있다는 뜻이다. 국제노동기구(ILO)에 따르면, 인도 노동자의
90퍼센트가 노점상, 가사도우미 등 통계에 잡히지 않는 비공식 부문에
속한다. 비공식 경제 활동을 하는 노동자들은 소득 보장, 건강 보험이

없다. 때문에 코로나19 등의 위기에 취약하다. 실제로 인도의 실업률은 코로나19를 겪으며 2020년 7.5퍼센트로 올랐다. 그리고 올해 3월 기준 7.8퍼센트를 유지하고 있다. 인구가 잠재력을 발휘하려면 양질의 교육, 일자리를 마련하는 것이 우선이라는 설명이다.

©사진: Sergey

경제 성장의 기회

야당은 반발하고 있다. 인구는 국력이기 때문이다. 오래전부터 그랬다. 병력으로 동원할 수 있는 인구가 많을수록 전쟁에 유리했다. 21세기 전쟁의 양상이 기술 중심으로 옮겨 가며 인구와 국방력의 관계는 옅어졌지만, 인구는 여전히 국력이다. 인도의 중위연령은 29세, 인구의 47퍼센트는 25세 이하로, 인도는 세계에서 젊은 노동력이 가장 풍부한 나라다. 전체 인구에서 생산가능 인구 비율이 높아지면, 부양률이 감소하고 경제 성장이 촉진된다. 이를 인구배당효과라고 한다. 2060년 무렵에는 16~18억 명으로 인도 인구가 정점을 찍을 것이라는 전망이다. 인도가 수십 년 동안 인구배당효과를 누릴 수 있다는 것이다.

두뇌 유출 위험

국제인구과학연구소의 아파라히타 차토파디야이(Aparajita Chattopadhyay) 교수는 인도의 실업률이 걱정할 수준은 아니라고 설명하기도 한다. 많은 선진국의 실업률이 인도보다 높은 상황, 우려해야 하는 것은 두뇌 유출이라고 지적한다. 유니세프에 따르면 매년 나오는 수천만 명의 대학 졸업생 중 기업들이 원하는 기술을 갖춘 인력은 절반도 되지 않는다. 그마저도 해외로 나가고 있다. 유엔경제사회처의 2020년 보고서에 따르면, 2000년에서 2020년 사이 1000만 명에 달하는 인구가 일자리를 찾아 해외로 이주했다. 당장 우리나라만 해도 삼성전자가 현지 대학과 산학협력 관계를 맺고 직접 특허 인재를 육성하고 있다.

중국을 따라라?

인도 인구 관련한 소식이 전해지고, 독일 주간지 슈피겔(Der Spiegel)이 중국과 인도를 비교하며 내놓은 만평이 논란이 됐다. 지붕 위까지 사람들을 가득 태운 낡은 인도의 기차가 중국의 KTX를 추월하는 모습이었다. 여러 의미의 해석이 나오고 있지만, 기차의 모습에 주목해 볼 수 있다. 인도 내에서는 중국처럼 과감하게 경제 체질 개선에 나서야 한다는 목소리도 나온다. 중국은 1978년 개혁·개방을 선언하며, 선전, 샤먼 등을 경제특구로 지정해 제조업을 발전시켰다. 2001년에는 세계무역기구(WTO)에 가입하며 대외 개방을 했다. 반면, 인도는 18퍼센트라는 아시아 최고 수준의 관세율을 유지하며 내수에 치중하고 있다. 2022년 아마존이 과도한 규제를 문제 삼으며 인도 내 사업을 철수하기도 했다.

인도는 중국과 비슷한 길을 가게 될까?

넥스트 차이나

이러한 리스크에도 불구하고 많은 기업이 인도로 향하고 있다. 낮은
인건비와 임대료로 강력한 원가 경쟁력을 지니기 때문이다. 대표적으로
인도는 '세계의 약국'으로 불리며, 전 세계 다양한 백신 수요의
50퍼센트 이상을 담당하고 있다. 코로나 팬데믹 시기, 아스트라제네카
백신도 인도 공장에서 생산됐다. 애플도 아시아 사업을 중국에서
인도로 옮기고 있다. 아이폰14 시리즈부터 인도에서 생산하기
시작했고, 4월 18일에는 뭄바이에 첫 오프라인 애플 스토어를 열었다.
삼성전자도 노이다 공장에서 생산하는 스마트폰 제품군을 확장했다.
인도는 중국의 '세계의 공장' 자리를 위협하고 있다.

인도가 자국민 우선을 외치며 백신 수출을 중단하기도 했었지

누구의 편도 들지 않는 나라

인도에 다양한 나라의 공장이 모이는 이유는 풍부한 인구만이 아니다.
인도는 지정학적으로 안정적이다. 1947년 영국에서 독립한 뒤, 인도는
어느 쪽에도 속하지 않는 비동맹 노선을 견지했다. 이데올로기로 편을
가르는 국제 질서에서 벗어나 철저히 실리에 따르는 행보를 펼쳤다.
중국 견제를 위해 미국이 주도하는 안보협의체 쿼드(Quad)의 일원인
동시에 상하이협력기구(SCO)의 2023년 의장국이다. 인도가 독자적인
행보를 보일 수 있는 이유는 이러한 힘을 의식하지 않기 때문이다.
강성용 서울대 아시아연구소 남아시아센터장은 인도 집권층은 내수
시장 활성화에 집중할 뿐이라고 설명한다. 애플 공장도 자국에서
사용하는 물량을 생산하기 위함이지 '세계의 공장'이 되는 일까지

바라는 것은 아니라는 것이다.

중요한 것은 상대가 누구든 인도는 자국의 실리를 찾아 행동한다는
점이다. 러시아-우크라이나 전쟁 상황에서 인도의 행보가 그 예다.
인도는 서방의 러시아 제재에 동참하지 않고 석유를 사들였다. 인도는
냉전 시기 소련으로부터 안보 지원을 받아 왔다. 카슈미르, 라다크
지역에서 중국과 국경 분쟁을 겪고 있는 인도로서는 러시아와의
관계를 놓을 수 없다. 인도는 같은 이유로 중국과 러시아가 너무
가까워지는 것을 견제하고 있다.

한편, 중국 견제를 위해 인도·태평양 전략을 짜는
미국으로서는 인도와의 관계가 필수적이다. 인도가 러시아산 석유를
사들여도 어찌하지 못하는 이유다. 인도는 이런 독자적 행보로
미국·중국·러시아 사이에서 균형을 유지하고 있다. 인구와 독자적
외교를 바탕으로 인도는 세계 질서의 중요한 축으로 떠올랐다.

수치상으로 보면 인구 증가는 인도에 기회에 가깝다.
국제통화기금은 아시아·태평양 지역의 올해 성장률 전망치를
4.6퍼센트로 상향 조정했다. 아태 지역이 세계 경제 성장의 약
70퍼센트를 차지할 것이며, 중국과 인도가 그 중 50퍼센트를 차지할
것이라고 예상했다. 그리고 이러한 성장세는 인도의 '마이웨이
행보'에도 도움이 될 전망이다. ❼

전국장애인차별철폐연대(전장연)의 이동권 시위가 16개월 넘게 이어졌다. 열차를 지연시키는 지하철 탑승 시위 '출근길 지하철 탑시다'는 잠정 중단됐다. 그간 갈등의 쟁점이 됐던 탈시설 장애인 전수조사와 관련해 서울시와 일부 합의를 이뤘기 때문이다. 전장연과 서울시는 5월 12일 만나 거주시설 장애인 실태 조사에 나서기로 합의했다. __ 정원진 에디터

장애와 비장애의 기준이 모호해지고 있다. 기대 수명이 높아지며, 인간은 오랜 시간 다양한 형태의 신체·감각·인지적 손상을 안고 살아가게 됐다. 돌봄에 대한 수요와 공급의 불균형은 사회 문제가 됐다. 인간은 모두 요양원이 아닌 내 동네에서 계속 살아가길 원한다. 그리고 이 기본적인 욕구는 탈시설 논의와 멀지 않다.

©사진: Nuthawut

전장연과 서울시

2월 21일, 서울시는 올해 상반기 중으로 탈시설 장애인에 대한 실태조사를 하겠다고 밝혔다. 서울에 거주하는 탈시설 장애인 1000여 명을 대상으로 과정과 생활에 대한 만족도, 건강 상태 등을 조사한다. 탈시설 장애인에 대한 첫 전수조사다. 서울시 관계자는 전장연이 탈시설 관련 예산 증액을 요구하고 있는 상황에서 정확한 현황을 파악하기 위한 것이라고 밝혔다. 전장연은 "탈시설 장애인을 표적화하여, 당사자와 지원 기관을 위축시키고 있다"고 주장하며 이에

반대했다. 이후 양측은 전수조사를 위한 설문지 작성에 탈시설 찬성과 반대 측 전문가를 각각 두 명 포함하는 것으로 합의를 이뤘다.

장애인 권리예산과 탈시설

전장연은 지난 1년간 장애인 권리예산을 주장했다. 장애인의 기본권을 보장할 수 있는 구체적인 예산을 편성하라는 것이다. 평생교육, 취업 지원과 탈시설 지원 등을 포함한다. 2020년 기준 우리나라 장애인 예산은 GDP 대비 0.7퍼센트, OECD 평균의 3분의 1 수준으로 최하위 수준이다. 탈시설은 장애인들이 시설이 아닌 지역사회에서 자립할 수 있도록 하는 정책이다. 장애인이 교육받고 일하면서 함께 살아갈 수 있도록 해야 한다는 것이 전장연의 변하지 않는 주장이다. 그리고 이를 위해서는 자유롭게 이동할 수 있어야 한다는 것이다.

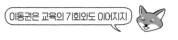
이동권은 교육의 기회와도 이어지지

복지가 전부인 삶

"좋은 시설은 없다. 시설에서의 삶이 최선인 사람도 없다."
전국탈시설장애인연대는 4월 13일 창립대회에서 이렇게 말했다. 장애인거주시설은 복지정책의 일환이다. 최소한의 생활과 안전을 보장하기 위한 복지는 분명 필요하다. 하지만 복지가 하루의 전부라면, 그 자체로 권리 침해가 될 수 있다. 입소자는 잠자는 시간도, 점심 메뉴도, 새로운 만남도 본인의 의지로 선택할 수 없다. 2020년 장애인거주시설 전수조사에 따르면, 한 방에 거주하는 인원수는 4.7명, 평균 입소 기간은 18.9년이었다. 세 명 중 한 명이 탈시설을 희망하는 것으로 드러났다.

돌봄이 전부인 삶

지금 상황에서는 탈시설이 답이 아닐 수 있다는 목소리도 나온다. 지역사회의 돌봄 체계가 부재한 상황에서 탈시설이 이뤄질 경우, 돌봄의 책임은 결과적으로 장애인 당사자와 가족들에게 전가된다. 2020년 장애인 실태조사에 따르면, 전체 장애인의 99퍼센트가 집에 머물며 살아가는 재가 장애인으로 추정된다. 또 장애인 가구의 월평균 소득은 199만 원으로 전국 월평균 가구소득 절반에도 미치지 못했다. 24시간 돌봄이 필요한 장애인 가족을 두고 경제활동을 하러 갈 수 없기 때문이다. 서울시가 서울복지재단과 함께 진행한 '고위험 장애인가족 지원방안 연구'에서는 장애인 가족은 돌봄 스트레스 등으로 인해 정신건강 고위험에 노출된 것으로 드러났다. 장애인 가족을 살해한 후 극단적 선택에 이르는 사건도 반복된다.

완전하지 않은 대책

2023년 4월, 이러한 돌봄 공백을 메울 수 있는 시범사업이 시행됐다. 발달장애인의 보호자가 급한 사정으로 돌봄이 어려우면 일주일 이내로 24시간 돌봄을 제공하는 '긴급 돌봄 서비스'다. 급한 사정에는 입원, 경조사와 더불어 보호자의 체력 소진도 포함됐다. 정부는 2024년 6월까지 최중증 발달장애인 통합돌봄 서비스를 구축하기로 했다. 하지만 돌봄 인력은 어디서 오는지 의문이 남는다. 우리나라 지역사회돌봄 수요는 이미 2019년 586만 명을 넘어섰다. 국내 돌봄 서비스의 95퍼센트는 민간기관에 위탁되어 있고, 10명 중 9명이 비정규직이다. 돌봄 노동자의 처우가 개선되지 않은 상황에서 우리 사회는 또 다른 희생에 기댈 뿐이다.

돌봄 재난 사회

김용익 돌봄과 미래재단 이사장은 우리 사회에서는 이미 오래전 돌봄 재난이 시작됐다고 말한다. 그 배경에는 고령화가 있다. 2020년 기준 65세 이상 인구는 15.7퍼센트다. 이들의 돌봄을 담당해야 할 45~64세 인구는 32.4퍼센트다. 다시 말해, 인구 절반에 해당하는 48.1퍼센트가 돌봄 문제의 당사자라는 것이다. 여기에 덧붙여, 65세 이상 노인은 2020년 800만 명, 2030년 1300만 명으로 증가할 것이라고 전망했다. 우리보다 먼저 초고령사회에 진입한 일본은 커뮤니티 케어 시스템을 갖춰 나갔다. 지역 단위로 돌봄 서비스를 제공해 살던 곳에서 노후를 보낼 수 있게 하는 것이다.

장애 문제 보편화 시대

인간은 노년기를 지나며 누구나 다양한 형태의 신체·감각·인지적 손상을 겪는다. 기대 수명도 높아지고 있다. 일생의 많은 부분을 신체적 손상 및 장애와 함께 살아갈 수 있다는 것이다. 현대정치철학연구회의 진태원 박사는 우리 시대는 어쩌면 장애 문제의 보편화 시대일지 모른다고 말한다. 그러면서 이를 노년학과 장애학의 연구 주제와 쟁점이 많은 부분에서 중첩되는 이유라고 설명한다. 보건복지부의 5차 국민보건의료실태조사 결과에 따르면, 국내 요양병원은 1600곳에 달한다. 인구 1000명당 5.3개로 OECD 국가 중 가장 많다. 탈시설 논의는 장애인만의 문제가 아니다.

피터 게스퀴에르 감독의 단편영화 <다운사이드업Downside Up>을 추천해

우리나라 모든 장애 관련 복지정책은 '의료적 장애모델'에 입각해
세워진다. 개인의 신체·감각·인지적 손상요인을 진단하고 이에
대한 해결책을 내놓는 것이다. 하지만 '사회적 장애모델'은 관점을
달리한다. 신체·감각·인지적 손상을 지니고 있는 사람들을 고려하지
않는 물리·정서적 차별을 장애로 본다. 다시 말해, 장애는 타고나거나
불의의 사고로 만들어지는 것이 아닌 포용적이지 않은 사회 구조가
만드는 것이라는 뜻이다.

　전장연이 개최한 장애인권리예산 투쟁 1주년 좌담회에서
김승섭 서울대 보건대학원 교수는 이렇게 말한다. "공동체가 누적된
차별의 역사를 지우고 피해자들에게 모든 책임을 부과할 때, 당사자는
자신의 삶을 설명할 언어와 기회를 빼앗기게 된다." 차별을 겪고 있는
장애인만의 문제가 아니다. 늙어가는 모두에게 해당하는 말이다.

　지금 사회에서 장애와 비장애인의 구분은 점점 의미를 잃어가고
있다. 하지만 차별과 억압은 더욱 쉽게 드러난다. 인간이라면 누구나
자신이 살던 지역사회에서 최소한의 삶의 질을 누리며 살길 원한다.
그런 기본적인 욕구는 탈시설, 커뮤니티 케어 논의의 시작과 멀지 않다.

진태원 박사는 나아가 역량(capability)로서의 장애를 주장한다. 문제로
정의된 사람들이 차별에 목소리를 낼 때, 사회는 새롭고 진정한 의미의
보편성을 획득할 수 있다는 것이다. 장애라는 단어를 문제로 만들지,
역량으로 삼을지는 이를 보는 사회의 관점에 달려 있다. ⓣ

톡스에서 내 일과 삶을 변화시킬 레퍼런스를 발견해 보세요.
사물을 다르게 보고 다르게 생각하고 세상에 없던 걸 만들어 내는
혁신가를 인터뷰했어요.

축구장 너머에서도 즐기는 축구를 위해

올해로 40주년을 맞은 프로 축구(K리그)는 주말마다 성행 중이다.
축구장에는 구단과 선수, 팬만 있지는 않다. 팬들의 눈길이 닿는 모든
곳을 디자인하는 스포츠 전문 크리에이티브 스튜디오 오버더피치(Over
The Pitch)가 있다. 오버더피치의 목표는 축구장 안에 있지 않다.
그들은 마니아의 벽을 넘어 누구든 즐기고 사랑하는, 문화로서의
축구를 만들어가고 있다. 축구는 인생에서 중요하지 않은 것들 중에
가장 중요하다고 그랬던가. 오버더피치에게 축구는 그 무엇보다도
중요하다. 서울 서교동 오버더피치 매장에서, 모두의 삶에서 축구를
조금 더 중요한 것으로 만들고 싶다는 최호근 대표를 만나 이야기를
들어 보았다. _ 백승민 에디터

다른 혁신가의 이야기도 궁금하다면?

매장이 판매용 유니폼들로 꽉 찼다. 원래도 수집이 취미였다고.

400벌까지 모아 봤다. '덕력'으로 붙어서 나를 이길 수 있는 사람이
웬만해선 없을 거다. 사실 자주 입는 건 열 벌 내외고, 나머지는 잘 꺼내
보지도 않는다. 수집은 쓸데없다. 쓸데없지만 감성적인 일이다. 그리고
그런 컬렉션 문화가 오버더피치의 코어 밸류 중의 하나다. 보상 심리나
목적 없이 순수하게 허비하고 즐기고, 거기서 뿌듯함을 느끼는 것.

스포츠 디자인은 생소한 분야다. 어떻게 시작하게 됐나?

대학교 2학년 때였다. 당시에는 한국에도 그렇고 세계적으로도
스포츠로 디자인을 하는 분야가 아예 없었다. 당시에는 미국 나이키
본사 디자이너로 일하고 싶어서, 포트폴리오를 위해 재능 기부
형식으로 아마추어 구단 일을 시작했다. 그러다 보니 전시도 스포츠를
주제로 하게 되고, 다른 구단에서 의뢰가 들어오기도 했다. 용돈 벌이를
하면 좋으니까 그냥 사업자를 냈다.

창업을 위한 시장성 조사 같은 과정은 없었나?

창업이란 말도 몰랐다. 그러니까 내가 하는 게 창업인 줄도 몰랐다.
'재밌으니까 하고 싶은 거 해야지'라는 생각이었다. 고등학생 때까지
운동선수가 꿈이었다. 집안의 반대로 선수는 포기하고, 어릴 때 하던
미술을 다시 시작했다. 미대에 진학해서 열심히 하니 결과는 좋았는데,
재미가 없어졌다. 축구도 안 보고 미술에 흥미도 잃었을 즈음, 유럽에
여행을 갔다. 좋아하던 선수의 발자취를 보면서 마음을 바꾸게 됐다.
내가 할 줄 아는 두 가지, 그림 그리는 것과 공차는 걸 같이 해보자고.

<u>없던 분야를 창조한 건데, 막막하지 않았나?</u>

스포츠 디자인 스튜디오를 만들었는데 일이 없었다. 프로 구단들은
디자인을 해야 한다는 개념 자체가 별로 없었다. 그러면 내가 유니폼
컬렉션을 평생 해왔으니 이걸로 뭐라도 콘텐츠를 만들고 사람들이
축구를 좋아하게 하자는 생각이 들었다. 교회에 오게 햄버거 먼저
쥐여주는 것과 비슷했다. 유니폼을 예쁘게 코디한 이미지로 콘텐츠를
내고, 속아서 왔겠지만 이런 재밌는 것, 이런 예쁜 게 있고 이렇게 모인
사람들이 많다는 식으로 전도를 했다. 축구 팬을 늘리다 보면 우리
일도 많아질 거라고 생각했다. 그래서 웹 매거진도 만들고 여러 화보나
행사를 기획함으로써 우선 커뮤니티나 문화를 만들려고 했던 것이다.

<u>지금은 프로 축구 구단 중에 오버더피치와 작업을 안 한 구단이
드물 정도다.</u>

사실 K리그 작업은 어느 순간 안 하려고 했었다. 2019년에 프랑스
파리생제르맹과 대구FC 작업을 했다. 나름의 투자를 했는데
코로나19가 터지며 모든 게 셧다운 되니 정작 회수를 못했다. K리그를
완전히 떠날 생각을 하고 있었는데 울산현대에서 제안이 왔다. 구단
이미지를 젊게 만들고 싶어 했다.

<u>어떤 젊음이었나?</u>

일단 우리는 기존 K리그의 이미지 스타일을 바꾸고 싶었다. 기존
스타일은 불꽃이 터지고 연기가 날리는 가운데 선수들이 서 있는,
웅장한 이미지였다. 스포츠계 바깥에서의 트렌드는 달랐다. 패션

브랜드뿐 아니라 BMW 등 자동차 브랜드도 로고를 플랫(flat)하고 심플하게 바꿨다. 그걸 K리그에 접목하고 싶었다. 처음에는 울산현대에서 싫어할 줄 알았다. 너무 파격적일 수도 있고, 선수 사진도 최대한 안 쓰고 싶어 했기 때문이다. 그런데 다행히 서로의 공감대가 맞았다.

2022년도 울산현대 브랜딩 비주얼 ©Over The Pitch

기존 축구 팬들은 놀랐겠다.

호응만큼 낯설고 어색하다는 반응도 있었다. 그런데 우리는 이 판을 그냥 축구판으로만 보기가 싫었다. 당장은 조금 어색하더라도 전체 아트 신(scene)을 봤을 때 트렌디하고 좋은 것들을 축구에 적용하고 싶었다. 우리는 안전한 것만 하지 않는다. 축구에만 머무르지 않고 다른 문화에도 관심을 가지고 그들과 친하게 지내며, 결국 축구와 연결시키려 한다.

많은 구단들이 오버더피치를 찾는 이유일 것 같다.

처음엔 구단 사이에 오버더피치에 대한 악명이랄까 선입견 같은 게
있었다. 우리만의 색이 진하고, 말을 안 들을 것 같다는. 그런데 우리가
고집 안 부리면 작업이 산으로 간다. 막상 일을 맡으면 후속 관리도
열심히 한다. 예를 들어 유니폼을 디자인했는데 구단에서 콘텐츠나
화보를 찍을 계획이 없는 경우가 있다. 그러면 우리가 제품 뷰티 컷을
찍어 보낸다. SNS나 포스터 이미지가 어떤 식으로 만들어질지, 다음
시즌 유니폼 디자인을 어떻게 변주시킬지에 대해서도 먼저 이야기하는
편이다. 지금 클라이언트들은 역설적으로 우리의 고집을 좋아하고,
웬만하면 수정을 안 한다.

**후속 관리에는 에너지가 많이 들 것 같은데, 그렇게까지 공을
들이는 이유가 있나?**

유니폼이 실제로 나왔을 때, 그것이 팬들에게 어떤 식으로 공개될지에
대해서도 책임을 느낀다. 브랜딩은 디자인으로 끝이 아니다. 안정적인
결과물을 만들어내기 위한 커뮤니케이션이 계속 필요하다. 사실
대전하나 유니폼은 내가 원했던 색감이나 비례감이 최종본에 완벽히
반영되지 않아서 아쉬움이 남았다. 노란색의 채도나 목깃 같은 게
의도한 대로 나오지 않았다. 그래서 계속 이야기했다. 내년 유니폼도 할
거면 미리 하자고, 내후년 유니폼은 더 빨리 하자고. 고집을 안 부리고
타협해서 나온 결과가 별로면, 과정을 모르는 사람은 결과만 보고
우리한테 실망한다.

오버더피치와 패션 브랜드 MCM의 컬래버레이션 화보. 해외 축구패션계에서 재유행 하고
있는 '차브룩'과 국내외 스타들의 패션 아이템으로 급부상한 축구 저지 스타일을 모티프로
디자인했다. ©Over The Pitch

> 현대자동차나 MCM, 소니와 같이 축구와 별로 관련 없어 보이는
> 분야와도 협업했다.

모든 문화에 축구를 살짝 묻히는 작업을 하는 거다. 축구와 관계없는
브랜드와 협업을 해도 무조건 축구 유니폼과 거기서 따온 모티프는
넣는다. 나아가 앞으로 구단들과의 협업에도 대중적이고 트렌디한
브랜드를 갖다 붙일 거다. 기존 팬들 중에서도 트렌디한 것에 대한
갈증이 있는 팬들이 있을 것이다. 반대로 그 브랜드의 팬들이 콜라보를
했다는 이유로 축구에 관심을 가질 수도 있게 된다. 우리의 역할은
그걸 연결하는 거다.

부침도 있었다. 코로나19 때문에 상황이 어려워진 것도 그렇지만, 2020년에 백화점에 입점했다가 철수를 했다.

백화점이란 공간에서 우리 문화를 보여주는 게 상징적일 거라는 생각에 입점을 결정했다. 백화점은 기성의 공간이다. 게다가 1층이었다. 백화점 자체가 따분하지만 1층은 더욱 고리타분한 공간인데, 거기에 우리가 있다는 것 자체로 시장에 던지고 싶은 메시지가 있었다. 그런데 역시나 우리의 스타일에는 맞지 않았다. 우리는 문화를 만들고 싶었는데 백화점은 문화를 만들 수 있는 공간이 아니었다. 사람들을 모으고 파티를 하고 싶어도 폐점 시간이 정해져 있고, 안전 관리 규정이 있고, 서류 결재를 받아야 했다. 문화를 만들려고 우리를 데려와 놓고 그걸 못하게 한다는 생각이 들어 철수했다.

작년에는 야구로도 발을 넓혔다. 한국에서는 프로 야구 팬이 프로 축구 팬보다 훨씬 많다. 해보고 싶은 게 있나?

개인적으로, 시장은 KBO가 더 크지만 콘텐츠나 디자인에 관해서는 K리그보다 미진한 부분이 있다고 생각한다. 비주얼이나 상품의 퀄리티 면에서 아쉽다. 팬층이 워낙 두터우니 디자인에 투자할 필요를 못 느꼈던 게 아닐까 싶다. 반면 K리그는 팬층이 얇으니 오히려 이런저런 시도를 했던 것 같고. 시장의 크기에 비해서 아직은 보수적인 KBO의 비주얼을 바꿔보고 싶다. K리그가 그랬던 것처럼, 이렇게 더 멋있고 좋은 것들이 있다는 걸 보여주고 싶다.

오버더피치가 스포츠 산업 자체의 파이를 키운다고 볼 수 있을까?

우리가 추구하는 게 온전히 그거다. 마니악하게만 유지되면 시장이 커지지 않는다. 누구나 좋아하고 누구나 관심을 두어야만 시장도 발전하고 좋은 선수도 영입하고 팀도 양질의 콘텐츠를 만들어낼 수 있다. 마니아가 아니어도 된다. 패션으로 사도 되고, 한 벌 있는 사람이 우리를 통해서 두 번째로 유니폼을 살 수도 있는 거다. 그렇게 문턱을 낮추고 싶다.

스트리트 편집숍 '카시나'로부터 36억 원의 투자를 유치했다. 할 수 있는 것도, 하고 싶은 것도 더 많아졌을 것 같다.

이미 하고 있는 일이 많아서 그걸 고도화시키고 완성도 있게 정리하는 게 필요하다. 좋은 팀을 꾸리는 것에 대한 열망이 있어서 팀 세팅을 열심히 하고 있다. 축구랑 똑같다. 좋은 선수 데려오면 골을 많이 넣을 것 아닌가. 최전성기에 있는, 이름 있는 선수를 써 보고 싶은 거다. 여기에 더해서, 더 스포츠 엔터테인먼트스럽게 운영하고 싶다. 최근에 선수 에이전트 사업도 시작했다. 우리랑 맞을 것 같은 선수, 그게 플레이 퍼포먼스든 개인적인 이미지든 맞는 선수들과 함께 개인 브랜딩도 시작할 예정이다. 그냥 선수가 아니라, 팬들에게 더 어필이 되는 선수로 만들어보고 싶다. 그게 결국 오버더피치라는 브랜드의 매거진, 스토어와도 연결돼 있기 때문이다.

스포츠 팬들에게 바라는 점도 있나?

팬들이 스포츠를 사랑하는 만큼 쓰고, 허비했으면 좋겠다. 우리가 생각하는 스포츠는 싸면 안 된다. 현재 축구 산업은 전반적으로 티켓값도 싸고 상품값도 싸다. 디자인 비용도 다른 영역에 비해 낮다. 전반적인 시장가가 올라가야 더 좋은 외부 인력도 K리그에 일하러 들어오고, 모르는 팬들도 좋은 제품과 콘텐츠를 소비하러 온다. 나는 나 혼자서만 축구를 좋아하고 싶지 않다. 더 많은 사람들과 함께하고 싶다. ●

왼쪽 페이지 위부터 시계 방향으로

2023년 3월 28일 A매치(우루과이전) 경기일에 서울 상암월드컵경기장에서 진행된 오버더피치와 대한축구협회(KFA)의
팝업 스토어 ©Over The Pitch

서울 서교동에 위치한 오버더피치 플래그십 스토어. 오버더피치의 제품들과 클래식 저지 등 축구와 컬렉션 문화를
기반으로 둔 다양한 제품을 판매하고 있다. ©Over The Pitch

2023 시즌 포항스틸러스 창단 50주년 기념 저지. 포항 구단의 정체성과 역사, 그리고 포항이라는 도시의 정체성을 표현한
패턴을 담았다. ©Over The Pitch

프로 야구 KT위즈 창단 10주년 기념 저지. 연고 도시 수원에 초점을 맞추고 kt의 10년간의 기록을 녹여냈다.
©Over The Pitch

스포츠 브랜드 아디다스와 2022년 카타르 월드컵을 앞두고 출시한 한정판 신발 '울트라부스트 DNA 2002 WC'
©Over The Pitch

롱리드는 단편 소설 분량의 지식 콘텐츠예요. 깊이 있는 정보를 담아요.

내러티브가 풍성해 읽는 재미가 있어요.

세계적인 작가들의 고유한 관점과 통찰을 만나요.

롱리드

우리가 특정 대지에 속해 있고, 우리가 그걸 소유하고 있다는 관념을
극복하는 것은 상당히 어려울 것이다. 우리는 극지 근처의 새로운
도시에 살면서 전 세계적으로 더욱 다양해진 사회에 동화돼야 한다.
필요하다면 언제든 다시 한번 떠날 준비가 되어 있어야 한다. 지구의
기온이 1도 오를 때마다 약 10억 명의 인구가 지난 수천 년 동안
살아온 지역의 외부로 밀려날 것이다. 다가오는 격변이 감당할 수 없을
정도로 압도적이고 끔찍한 상태가 되기 전에 대처할 시간은 점점 줄고
있다. _ 가이아 빈스(Gaia Vince)

영국 웨일스 북쪽의 귀네드(Gwynedd) 카운티에 있는 페어본(Fairbourne) 마을의 전경.
이곳은 2045년이 되면 사라질 것으로 예상된다. ⓒ사진: Kirsty Wigglesworth

기후 난민과 고령화 사회의 관계

전 세계 곳곳에서 기온이 섭씨 50도를 넘어서는 날이 30년 전에 비해
이미 두 배로 늘어났다. 이 정도 열기는 인류에게 치명적이며, 건물이나
도로, 발전소 등에도 심각한 문제가 된다. 사람이 살 수 없는 곳이 되는
것이다. 이처럼 지구 전역에서 폭발적으로 전개되는 현실에 인류는
적극적으로 대응해야 한다. 우리는 사람들이 위험하고 가난한 상황에서
벗어나 안전하고 편안한 곳으로 이동할 수 있게 도와야 한다. 그리고
모두를 위해 회복력(resilience)이 더욱 뛰어난 지구촌을 건설해야
한다.

대규모의 인구가 이동해야 할 것이다. 단지 가장 가까운
도시로만이 아니라 대륙을 건너가야 할 수도 있다. 북위도에 위치한
나라들처럼 좀 더 괜찮은 여건의 지역에서 사는 사람들은 수백만에
달하는 이민자들을 수용하는 동시에 그들 스스로도 기후 위기라는
현실에 적응해야 한다. 또한 우리는 급속하게 얼음이 녹고 있는 극지방

가까이에 완전히 새로운 도시를 조성해야 한다. 대표적으로 시베리아의 일부 지역은 최고 기온이 섭씨 30도에 이르는 날들이 연중 몇 달씩 이어지고 있다.

거대한 불길이 시베리아, 그린란드, 알래스카를 집어삼키며 북극 지역을 불태우고 있다. 영하 50도까지 기온이 떨어지는 1월의 날씨에도 불구하고 시베리아 빙하권의 이탄(peat)에서는 불길이 타오른다. 이러한 '좀비 불(zombie fire)'은 북극권 한계선과 그 주변 지하의 토탄층에서 연중 내내 타오르다 거대한 불길이 되어 시베리아, 알래스카, 캐나다의 북방 수림대를 덮친다.

2019년에는 어마어마한 불길이 일어나 석 달 동안 타올랐다. 400만 헥타르(ha)가 넘는 시베리아의 타이가(taiga) 수림대를 파괴했고, 여기서 발생한 그을음과 잿더미로 휩싸인 구름은 유럽연합(EU) 회원국 전체의 면적과 맞먹을 정도로 거대한 크기였다. 여러 기후 모델의 예측에 따르면 북방 수림대 및 북극권 툰드라(tundra)에서 발생하는 불길이 2100년에는 최대 네 배까지 늘어날 것이다.

당신이 어디에 살고 있든, 이민이라는 현상은 당신과 아이들의 삶에도 영향을 미칠 것이다. 방글라데시엔 물에 잠길 저지대의 해안가에 전체 인구의 3분의 1이 살고 있으며, 그곳은 점점 더 거주하기 힘든 환경이 될 것이다. 2050년까지 전체 인구의 약 10퍼센트에 해당하는 1300만 명 이상의 방글라데시인이 이 나라를 떠날 것으로 보인다. 가난한 나라뿐만 아니라 부유한 국가들 역시 향후 수십 년간 심각한 영향을 받을 것이다.

이런 급격한 변화는 단지 예측할 수 없는 기후 변화에서만 일어나는 것이 아니다. 인류의 인구 통계학적 구성에서도 일어나고 있다. 세계 인구는 앞으로 수십 년 동안 증가할 예정이며 2060년대가 되면 100억 명을 돌파할 것이다. 이렇게 증가한 인구의 대부분은 열대 지역에 있을 텐데, 이곳은 기후 참사로부터 최악의 타격을 받아 수많은 사람이 그곳을 떠나 북쪽으로 이동할 것이다. 그런데 북반구의 선진국들은 정반대의 문제에 직면하고 있다. 바로 지나치게 적은 노동력이 대규모의 노년층을 지탱해야 하는 상부 과중(top-heavy) 형태의 인구 통계학적 위기이다. 북미와 유럽에서는 통상적인 은퇴 연령인 65세 이상의 인구가 이미 3억 명 이상이며, 2050년이 되면 이 지역에서는 20~64세의 노동인구 100명이 경제적으로 부양해야 하는 65세 이상의 고령층은 43명에 달할 것으로 예측된다. 따라서 독일의 뮌헨에서부터 미국의 버펄로에 이르기까지 수많은 도시가 이민자들을 '유혹'하기 위하여 서로 경쟁을 시작할 것이다.

가장 가난한 사람들이 살인적인 더위와 흉작으로 기존의 터전을 떠나 이민의 행렬에 동참할 것이다. 또한 직장 이전 때문에 부동산 담보 대출을 받지 못하거나 손해 보험에 가입하지 못해 원래 지역에서 더 이상 살 수 없게 된 중산층도 여기에 포함될 것이다. 미국에서는 이미 수백만 명이 기후 위기로 인해 기존의 터전에서 떠났다. 2018년에는 120만 명의 사람들이 극한의 기후, 화재, 폭풍우, 홍수 등으로 인해 사는 곳을 옮겨야 했고, 2020년이 되자 그 수는 연간 170만 명에 이르렀다. 미국에서는 현재 평균 18일에 한 번꼴로 10억 달러 이상의 대규모 재해가 발생한다.

미국 서부의 절반 이상이 극심한 가뭄을 경험하고 있으며 오리건주 클래머스 유역(Klamath Basin)의 농부들은 불법적으로라도 강제로 댐의 수문을 개방해 관개용수를 공급해야 한다고 말한다. 다른 지역에서는 기록적인 홍수가 발생해 데스 밸리(Death Valley)에서부터 켄터키에 이르기까지 수천 명의 주민이 집을 잃었다. 과학자와 언론인이 함께 만든 비영리 단체 클라이밋센트럴(Climate Central)의

자료에 의하면, 2050년에는 미국 50만 개의 기존 가구가 매년 최소한 한차례 이상 범람하는 지대 위에 놓일 것이라고 한다. 루이지애나의 아일 드 진 찰스(Isle de Jean Charles)라는 지역에는 해안선의 침식과 해수면의 상승 때문에 지역 사회 전체를 이주시키기 위한 용도로 이미 4800만 달러에 이르는 연방 세금이 할당돼 있다. 영국 웨일스의 페어본(Fairbourne)이라는 마을 주민들 사이에는 현재 살고 있는 집을 떠나야 한다는 이야기가 돌고 있는데, 바닷물이 점점 차오르면서 2045년에는 마을 전체가 소멸할 것으로 보이기 때문이다. 더 큰 바닷가 도시들도 역시 위기에 처해 있다. 예를 들어서 웨일스의 수도인 카디프(Cardiff)는 2050년이 되면 그중 3분의 2가 물속에 잠길 것으로 예상된다.

　　UN 국제이주기구(IOM)에 따르면 향후 30년 동안 환경 문제로 이주하는 사람의 수는 최대 10억 명에 이를 것이며, 더 최근에는 2050년까지 12억 명, 2060년까지 14억 명이 이주할 것이라는 결과가 나왔다. 세계가 더욱 뜨거워지고, 2060년대 중반에 전 세계의 인구가 예측대로 정점에 도달한다면 2050년 이후에는 환경 난민이 더욱 증가할 것으로 보인다.

　　'지속 가능한 세계란 어떤 모습일까?' 인류에게 제기된 질문이다. 우리는 식량 공급과 연료 조달, 그리고 생활 방식을 유지하기 위해 완전히 새로운 방식을 만들어 내는 동시에 대기 중 탄소를 줄여야 한다. 더 적은 수의 도시에서 더 과밀한 상태로 살아야 하며 전력 부족이나 위생 문제, 과열, 공해, 감염병 등 인구의 밀집과 연관된 위험성을 줄여야 한다.

　　그럼에도 우리가 특정 대지에 속해 있고, 우리가 그걸 소유하고 있다는 관념을 극복하는 것은 상당히 어려울 것이다. 우리는 극지 근처의 새로운 도시에 살면서 전 세계적으로 더욱 다양해진 사회에 동화돼야 한다. 필요하다면 언제든 다시 한번 떠날 준비가 되어 있어야 한다. 지구의 기온이 1도 오를 때마다 약 10억 명의 인구가 지난 수천 년 동안 살아온 지역의 외부로 밀려날 것이다. 다가오는 격변이 감당할 수 없을 정도로 압도적이고 끔찍한 상태가 되기 전에 대처할 시간은 점점 줄고 있다.

　　이주는 사회 문제가 아니다. 오히려 해결책이다. 이와 같은 전 지구적인 위기에 어떻게 대처할지, 그리고 이주 상황에서 인류가 서로를 얼마나 인도적으로 대하는지에 따라 세기의 격변이 원활하게 흘러갈지 혹은 과격한 충돌과 불필요한 죽음으로 이어질지가 결정될 것이다. 올바르게 대처한다면 이 격변은 전 지구적으로 새로운 인류의 공동체를 만들어 낼 수 있을 것이다. 이주는 이 위기를 헤쳐 나가기 위한 열쇠다.

2021년에 아프가니스탄의 한 가족이 가뭄에 시달리는 바드기스(Badghis) 지역에서 다른 곳으로 옮겨가고 있다. ⓒ사진: Hoshang Hashimi

국민이라는 정체성

안전한 곳으로 이사하는 것이든, 아니면 새로운 기회의 땅을 찾아

나서는 것이든, 이주에는 수많은 협력 관계가 깊이 얽혀 있다. 이주는 모두가 광범위하게 협업해야만 가능하고, 오늘날의 세계 사회가 만들어질 수 있었던 이유도 사람들이 이주했기 때문이다. 이주가 지금의 우리 사회를 만들었다. 사람들의 국가 정체성이나 국경선은 늘 유동적이었다.

국경을 이용해 외국인의 유입을 막는다는 발상은 비교적 최근에 나타난 것이다. 세계 각국은 사람들이 들어오는 것보단 떠나는 것을 막는 일에 훨씬 관심이 많았다. 노동력과 세금이 필요했기 때문이다.

어떤 이들은 국기와 국가, 그리고 영토를 지키는 군대 등을 통해 '국가'의 개념이 형성됐을 것이라 생각할 것이다. 그러나 실질적으로 그 개념을 정립한 것은 성공적인 국가의 체계다. 복잡한 산업 사회를 운영하기 위해 정부는 개인의 삶에 더욱 크게 개입하는 동시에 광범위하고 체계적인 시스템을 만들어야 했다. 이러한 국가 체계는 자국의 시민들에게도 국가적 정체성을 만들어 줬다. 1880년대부터 시작된 프로이센의 실업 급여 제도를 살펴보자. 초기에만 해도 실업 급여는 프로이센 내에 있는 노동자의 고향 마을에서 신분과 고용 상황을 확인하고 지급했다. 그러나 이후에는 일하려고 이주해 온 사람들에게도 실업 급여가 지급됐는데, 이는 수혜 자격을 갖춘 프로이센의 시민이 누구인지를 규정하는 새로운 차원의 국가 체계가 생겨났음을 의미한다. 이것이 결과적으로 시민권 증서와 국경선의 통제로 이어졌다. 각국 정부가 더 강력한 통제권을 행사하면서 사람들은 그들이 납부하는 세금을 통해 국가로부터 더 많은 혜택을 누리게 됐으며 투표와 같은 권리도 더욱 많이 얻었다. 그리고 투표권은 시민들에게 국가에 대한 주인 의식을 심어 줬다. 그렇게 국가는 그들의 나라가 되었다.

국민 국가(nation state)는 세계가 서로 다른 동족의 집단으로 구성되어 있다는 믿음에 근거한 인위적인 사회 구조다. 이 집단들은 각자 지구의 일부 지역을 점유하며, 대다수에게 최우선적인 충성을 요구한다. 그러나 실상은 훨씬 더 복잡하다. 대부분은 한 국가 내에서도 다양한 집단의 언어를 사용하며, 인종과 문화도 다양한 것이 일반적이다. 한 사람의 정체성과 행복이 하나의 인위적인 국가 집단과 밀접하게 연관돼 있다는 관념은, 많은 나라가 그렇게 상정하고 있음에도 설득력이 떨어진다. 이에 대해 정치학자 베네딕트 앤더슨(Benedict Anderson)은 국민 국가를 두고 상상된 공동체(imagined communities)라고 말했다.

국민 국가 모델의 실패 사례가 매우 많다는 것도 그리 놀랄 만한 일은 아니다. 예를 들자면, 1960년 이후 국민 국가 내에서는 약 200차례의 내전이 있었다. 물론 다양한 집단으로 구성되어 있어도 국민 국가가 잘 작동하는 사례 역시 많이 존재한다. 대표적으로는 싱가포르, 말레이시아, 탄자니아가 있고 오스트레일리아, 캐나다, 미국처럼 아예 세계 각지에서 모여든 이민자들이 만든 나라도 있다. 정도의 차이는 있지만 모든 국가는 다양한 집단들이 혼합되어 형성됐다. 어떤 국가가 흔들리거나 실패할 때 문제는 다양성 자체가 아니라 사회적 포용성(inclusiveness)이 부족한 것이다. 이는 사람들의 소속 집단과는 관계없이 국가적인 차원의 형평성에 대한 것이다. 편파적인 성향의 특정 집단과 연계된 불안정한 정부는 불만을 낳고 집단들 사이의 갈등을 부추긴다. 이는 결과적으로 사회를 통합시키는 게 아니라 오히려 친목을 기반으로 믿을 수 있는 사람들끼리 결집하게 만든다.

시민으로부터 사회적 포용의 역할을 위임받은 민주주의 정부가 일반적으로 좀 더 안정적이기는 하지만, 그들 배후에도 역시 복잡한 국가 체계가 있다. 세계 각국은 이러한 국가 체계를 다양한 방식으로 모색해 왔다. 캐나다나 스위스의 자치주(canton)에서는 국민 국가의 범위 내에서 권력을 지역 사회에 이양해 시민들에게 발언권과 자치권을 부여하기도 한다. 다수의 집단과 언어와 문화를 동등하게 합법적으로 포용한 사례도 있다. 대표적으로 탄자니아는 적어도 100개에 달하는 다양한 언어와 부족 집단이 모여 마치 하나의 모자이크 같은 국가로 기능한다. 다민족 인구를 의식적으로 통합해 온 싱가포르의 부부들은 그들 중 최소 5분의 1이 서로 다른 인종과 결혼한 경우다. 하지만 집단들 사이의 불공평한 위계질서는 이러한 통합을 방해하는데, 특히 소수 집단이 다수 집단을 억압하는 경우에 그렇다.

2021년 4월에 미국 사우스다코타의 주지사인 크리스티 노엄(Kristi Noem)은 트위터에 이런 글을 올렸다. "사우스다코타는 바이든 행정부가 안치시키려는 그 어떤 불법 이민자도 받아들이지 않을 것이다. 불법 이민자들에게 전한다, 만약 당신이 미국인이라면 내게 전화를 걸어라."

그러나 여기서 우리는 사우스다코타가 유럽에서 건너온 수천 명의 무자격 이민자들이 1860년부터 1920년까지 자영농지법(Homestead Act)을 활용해 어떠한 보상이나 배상도 없이 미국 원주민들의 토지를 강탈해 만들어진 곳이라는 사실을 돌이켜 볼 필요가 있다. 지배층이 보여 주는 이러한 배타주의는 공공의 시민 의식을 와해하며, 그 사회에 속해 있다고 간주되는 주민들과 그렇지 못한 사람들 사이의 분열을 조장한다.

국가 체계에 정식으로 포함되는 것은 모든 시민에게 있어서 국가 정체성을 형성하는 시작점인데, 이민자에게는 특히 더 그렇다. 그러나 지난 수십 년 혹은 수백 년 동안의 불평등은 사회적, 경제적, 정치적으로 계속되고 있다.

2019년, 시베리아의 크라스노야르스크(Krasnoyarsk)에서 100만 헥타르(ha) 이상의 숲을 태운
불길이 지나간 자리. ⓒ사진: Donat Sorokin

배척 vs. 포용

지중해 연안은 유럽이 이민자들을 상대로 벌이는 전쟁의 최전선이다.
이곳은 이탈리아의 전함들이 EU로 향하는 소형 선박들을 가로채고,
그들을 아프리카 북부 해안의 리비아에 있는 항구로 몰아내는 임무를
펼치고 있다. 그중 하나인 카프레라(Caprera) 전함은 80여 척의
밀항선을 적발하며 7000명 이상의 사람들을 막아냈다. 이민자들을
반대하는 이탈리아의 내무장관은 "우리의 안보를 수호한다"며
그들에게 찬사를 보냈다. 그는 2018년에 전함의 승무원들과 직접 찍은
사진을 게시하며 "영광입니다!"라는 트윗을 올린 바 있다.

　　하지만 같은 해에 경찰은 카프레라에 대한 조사에 착수했다.
경찰은 전함의 승무원들이 이탈리아에서 판매할 목적으로
리비아로부터 70만 개 이상의 담배와 수많은 밀수품을 들여오고
있다는 사실을 적발했다. 추가 조사를 통해 다른 여러 군함도 밀수
조직과 연루되어 있다는 사실도 드러났다. 당시에 수사를 주도한
가브리엘레 가르가노(Gabriele Gargano) 총경은 이렇게 말했다. "저는

마치 지옥으로 내려가는 단테(Dante)와 같은 심정이었습니다."

이 사건을 자세히 살펴보면 이민을 대하는 오늘날의 태도에서 상당히 특이한 부분이 부각된다. 일반적으로 이동에 대한 통제는 필요하다. 그러나 이는 사람에게만 적용되는 얘기다. 물류와는 별개의 얘기다. 우리는 국경 너머로 물자, 서비스, 자금을 이동하기 위하여 막대한 노력을 투입한다. 전 세계에서는 매년 110억 톤 이상의 화물이 배에 실리는데, 이는 1인당 매년 1.5톤에 해당하는 양이다. 반면에 모든 경제 활동의 핵심인 사람들은 자유롭게 이동하지 못한다. 선진국들은 인구 구성이 크게 변화하며 필수 노동력이 부족해진 상황이지만, 일자리가 절실한 이민자들의 고용은 차단돼 있다.

현재 전 세계적으로 사람들의 이동을 관장하는 국제단체나 기구는 존재하지 않는다. 많은 나라가 국제이주기구(IOM)에 가입되어 있지만, 이곳은 UN을 실질적으로 대리하는 기관이 아니라 독립적인 UN의 '관련 기구'일 뿐이며 UN 총회의 직접적인 관리·감독 대상이 아니다. 따라서 단일한 이민 정책을 수립할 수도 없다. 회원국들이 이민자를 받아들여 얻을 수 있는 긍정적인 효과가 있음에도 불구하고 말이다. 이민자들은 일반적으로 각 나라에서 노동부가 아닌 외무부가 관리한다. 그래서 사람들에게 적합한 일자리를 찾아 주기 위한 정보나 정책 공조가 배제된 상태에서 관련 결정이 내려지곤 한다. 우리에게는 전 세계의 노동력 이동을 훨씬 더 효과적이며 효율적으로 관리할 수 있는 새로운 메커니즘이 필요하다. 가장 커다란 경제적 자산은 결국 사람들이기 때문이다.

지금까지 이민에 대한 논의는 앞으로의 상황에 어떻게 대처할지가 아닌, 무엇을 허용하고 금지할 것인가에만 몰두해 왔다. 세계 각국은 이민을 통제하는 것이 아닌, 관리한다는 개념으로 나아갈 필요가 있다. 적어도 경제적 활동을 목적으로 하는 이민이나 이주를

합법화하고, 위험한 상황에서 도망쳐 나온 사람들을 더 안전하게
보호할 새로운 메커니즘이 필요하다.

지난 2월 러시아가 우크라이나를 침공한 지 며칠 만에, EU의
지도자들은 이 전쟁의 피난민들에게 국경을 개방하는 정책을 시행했다.
동시에 그들에게 EU 관할 내에서 3년 동안 거주하며 일할 수 있는
권리를 부여하고, 주거, 교육, 이동 등의 다른 부분에서도 도움을
주기로 했다. 이러한 정책이 사람들의 목숨을 구했다는 데에는 의심의
여지가 없다. 그러나 더욱 중요한 것은 수백만 명의 사람에게 지난한
난민 승인 절차를 거치지 않게 함으로써, 난민들이 지역 사회의 도움을
받으며 자립할 수 있는 지역으로 각기 정착할 수 있었다는 점이다.
이 과정에서 EU 전역의 사람들이 난민들을 유치하기 위해 각자의
지역 사회에서, 소셜미디어에서, 그리고 다양한 기관들을 통해서 뜻을
함께했다.

사람들은 각자의 집에서 방을 내 주고, 의류와 장난감을
기부했으며, 언어 교실을 세우고 정신 건강 지원 서비스를 제공했다.
이런 모든 활동이 합법적일 수 있는 건 국경 개방 정책 덕분이었다.
이 정책은 중앙 정부는 물론이고 난민들을 유치한 지역과 난민들
모두에게도 부담을 줄여 줬다.

2022년 8월에 방글라데시 쿨나(Khulna)의 해안 지역에서 홍수로 인해 물의 수위가 상승한
가운데, 한 여성이 가축들을 안전한 곳으로 옮기고 있다. ⓒ사진: Anadolu Agency

이민자는 무엇을 원하는가

이주민들에겐 자금과 인맥과 용기가 필요하다. 그리고 적어도 초기에는 큰 어려움이 따른다. 가족들로부터, 익숙한 언어와 환경으로부터 멀어지는 것이기 때문이다. 어떤 나라에서는 새로운 일자리를 찾고자 이주하는 것이 거의 불가능하다. 또 어떤 나라에서는 부모들이 자녀들과 떨어져 지낼 수밖에 없는 경우가 발생해, 부모가 자신의 아이들이 자라는 과정을 지켜보지 못하게 된다. 중국의 특정 자녀 세대는 1년에 딱 한 번, 춘절(春節) 기간에 일주일가량만 부모와 만나며 성장해 왔다.

　　중국에서는 수억 명의 사람들이 시골과 도시의 중간에 걸친 어중간한 삶을 살고 있다. 이들은 도시에 공공 주택, 유치원, 학교 등의 공공시설이 부족하다는 현실과 낡은 토지 법령으로 인해 도시로 완전히 이주하지 못한다. 시골 지역은 도시에서 일하는 사람들이 보내오는 돈에 의해 지탱된다. 그리고 도시에서 일하는 사람들은 시골의 농지를 선뜻 팔지 못한다. 그들의 유일한 노후 보장책이라고 할 수 있는 땅을 잃고 싶지는 않기 때문이다. 그리하여 시골에 남겨진 아이들은 나이 든 어른들을 보살피는 역할을 떠맡는다. 이주 노동자들은 도시에서 집을 살 형편이 안 되기에, 은퇴 후에는 다시 시골로 돌아간다. 이러한 순환이 계속된다.

　　어떤 곳에서는 이민자들이 도시나 외국의 일자리를 얻기 위해 밀항 업자에게 거액의 사례금을 지급하기도 하는데, 결국엔 노예나 다름없는 하찮은 계약직 신분에서 그들의 여권을 되찾아 고국으로 돌아가기 전까지 '계약 내용'을 충실하게 이행해야 하는 경우도 있다. 그들이 벌어들이는 소액의 돈은 고향으로 보내진다. 중동과 유럽에서 일하는 건설 노동자들과 가사 노동자들이 이에 포함된다. 그들은 제대로 보호를 받지 못하다가 결국엔 성매매 업종 혹은 여건이 열악한 음식 가공 업체나 의류 공장으로 내몰리기도 한다. 우리 모두가 자신의 생활을 개선하려 하는 것처럼, 이민자들은 더 나은 삶을 살고자 이주를 택한다. 그리고 어떤 이들은, 목숨을 부지하고자 이주를 택하기도 한다.

필자는 네 개 대륙에 걸쳐 난민 캠프에 머무는 사람들을 만나 봤다. 그곳에는 수백만 명의 사람들이 불안정한 상태에서 살고 있는데, 그 기간이 때로는 몇 세대 동안이나 이어지기도 한다. 그곳을 가득 메운 이들이 수단인이든, 티베트인이든, 팔레스타인인이든, 시리아인이든, 엘살바도르인이든, 이라크인이든, 전 세계 난민 캠프의 모든 사람은 존엄성(dignity)을 원한다. 존엄성은 그들이 가족들을 스스로 부양할 수 있는 상태를 의미한다. 일할 수 있게 되는 것, 자유롭게 돌아다닐 수 있는 것, 스스로 안전하게 생계를 꾸려갈 수 있다는 것이다. 매우 단순하며 모두에게 좋은 일이지만, 그것을 간절히 원하는 사람들의 꿈은 세계 각지에서 좌절되고 있다. 세계의 환경이 변화한 결과, 수백만 명의 사람들이 결국 어느 곳에서도 삶의 터전을 마련하지 못할 위험성이 높다. 전 세계적으로 굳게 닫힌 국경과 적대적인 이주 정책으로 이루어진 시스템은 문제를 야기하고 있다. 그것은 그 누구에게도 이롭지 않다.

현재 자신의 터전을 떠나는 사람들의 숫자는 기록적인 수준이며 앞으로 더 늘어날 것이다. 2020년에 전 세계의 난민은 1억 명을 돌파하면서 2010년보다 세 배 증가했고 그중 절반은 아이들이다. 이는 지구에서 78명 가운데 한 명은 강제로 쫓겨난 사람들임을 의미한다. 전쟁이나 재난 때문에 자신의 집을 떠나야만 했던 이들 가운데 난민으로 등록된 사람들은 극히 일부에 불과하다.

여기에 더해서 유엔 난민기구(UNHCR)의 추산에 의하면 전 세계에는 3억 5000만 명의 사람들이 무허가 신분으로 살아가고 있으며 미국 한 곳에서만 그 수가 2200만 명에 달한다. 여기에는 비공식 노동자들과 고대의 교역로를 통해 국경을 넘어선 사람들도 포함된다. 이들 중 상당수는 법적으로 인정받지 못하고, 사회 보장 제도의 혜택을 받지 못한 채 사회의 주변부에서 살아갈 것이다.

42억 명이 빈곤 상태로 살고 있으며 북반구 선진국(global north)과 남반구 저개발국(global south) 사이의 소득 격차가 계속해서 증가하는 한, 결국에는 많은 사람이 이주해야만 할 것이다. 그리고 기후 변화의 타격을 받는 지역에 사는 사람들은 더욱 큰 영향을 받을 것이다. 세계 각국은 난민들에게 피난처를 제공해야 할 의무가 있지만, 1951년에 채택된 '난민의 지위에 관한 협약(Refugee Convention)'에서 규정하는 난민의 법적 정의에 의하면 기후 위기로 인해 고국을 떠나야만 하는 사람들은 난민에 포함되지 않는다.

그렇지만 상황이 달라지고 있다. 2020년에 유엔 인권이사회(UNHRC)는 기후 난민들을 본국으로 송환해서는 안 된다는 중요한 판결을 내렸다. 즉, 만약 어떤 국가가 난민을 기후 위기로 인해 목숨을 잃을 수도 있는 본국으로 송환한다면 유엔의 인권 존중 의무를 위반한 것을 의미한다. 그러나 인권이사회의 이러한 판결은 국제 사회에서 구속력을 갖지 않는다.

현재 기후 위기로 인해 기존에 살던 곳을 떠난 사람들은 5000만 명에 달하며, 정치적 박해를 피해서 떠나온 사람들의 수를 이미 넘어섰다. 난민과 경제 이민을 구분하는 것은 간단한 일이 아니며 이러한 상황은 기후 위기로 인해 더욱 복잡해지고 있다. 가공할 만한 허리케인이 발생해 온 마을이 파괴되면 하룻밤 사이에도 수많은 난민이 생겨날 수 있지만, 기후 붕괴가 사람들에게 미치는 영향은 그보다는 훨씬 서서히 진행되는 경우가 더 많다. 몇 년에 걸쳐서 흉작이 계속되거나 참을 수 없이 뜨거운 여름이 되풀이되는 식이다.

이러한 점진적인 과정이 결국은 위기이자 기폭제가 되어 사람들을 좀 더 살기 좋은 지역으로 떠나게 할 것이다.

세계가 앞으로 다가올 대규모 이주라는 현실에 익숙해지려면 시간이 필요할 것이다. 그것은 결국 기후 변화에 대한 최종적인 형태의 적응일 것이다. 그러나 지구의 환경이 점점 더 처참해지고 있음에도, 세계에서 가장 부유한 국가들은 기후 비상사태에 노력을 기울이기보다는 국경선의 군사력 강화에 더욱 큰 비용을 투입하면서 '기후 장벽'을 구축하고 있다. 문호를 개방하는 대신에 망명 신청자들을 위한 역외의 구금 시설과 '처리' 센터를 확장하면 기후 위기로 인한 사망자 수는 더욱 늘어날 것이다. 또 그것은 최빈국이 받을 기후 위기의 타격을 완화하려는 선진국들의 노력이 처참하게 실패했음을 보여 주는 가장 극명한 사례가 될 것이다. 우리는 '기후 민족주의자'들에게 경각심을 가져야만 한다. 그들은 우리 모두의 지구에서 좀 더 안전한 대지가 불평등하게 배분된 현실을 더욱 강화하려고 하는 자들이다.

기후 변화는 전 지구적인 규모의 위기이기 때문에 이주에 대해서는 전 세계적인 차원의 합의가 필요하다. 그러나 당분간은 EU의 회원국들이 누리고 있는 것과 같은 지역별 자유 이동 협약(FMA)이 어느 정도는 도움이 될 것이다. 이러한 협약은 대참사가 강타했던 카리브해의 섬나라 주민들이 보다 안전한 지역에 피난처를 찾는 데에도 도움을 줬다.

기후 변화의 위기에서도, 대부분의 경우에는 살아남을 수 있다. 사람들을 죽음으로 내모는 것은 기후 위기가 아니라 국경 정책이다. 이번 세기에는 이제껏 볼 수 없었던 대규모의 이주 행렬이 나타날 것이다. 그것은 대재앙이 될 수도 있다. 그러나 잘 관리한다면 우리를 구원해 줄 수도 있다. ☻

시끌북적 사무실

(1)이연대 CEO : 숨은그림찾기

(2)구성우 커뮤니티 매니저 : 남산 도서관의 매력에 빠졌어요!

(3)백승민 에디터 : 한 달 동안 한 가지 음식만 먹는다면 저는 참치김밥!

(4)이다혜 에디터 : 냉방병 조심~ 카디건 챙겨 다니세요.

(5)권대현 커뮤니티 매니저 : 출근길 매미소리를 들으며 여름이 오는구나 느껴요.

(6)권순문 디자이너 : 날이 따듯하니 와인 챙겨 피크닉 갈래요~

(7)정원진 에디터 : 벤치에 앉아서 30분씩 멍 때리는 것을 낙으로 삼고 있습니다.

(8)김지연 리드 디자이너 : 더 뾰족해지는게 더 관대해지는 일이라는걸 알았어요!

(9)김혜림 에디터 : 곧 하반기라니! 시간이 너무 빨라요.

(10)김민형 오퍼레이팅 매니저 : 뜨거운 햇볕과 시원한 바람의 조합이 좋아요~

(11)이현구 선임 에디터 : 피부색이 구릿빛이라면 얼마나 근사할까요?

(12)홍성주 커뮤니티 매니저 : 피부색이 초록색이라면 얼마나 근사할까요?

(13)신아람 CCO : 차갑고 달지 않은 밀크티를 마시는 계절!

사회 생활 만렙의 길

인싸 중의 인싸 순문님
어느덧 1년 반을 근무했다.

1년 전

제가 바로 당신의
기 빨아가는 사람!

~MBTI ㅌ들~

그리고 근황

안녕하세요~

...이상하다

...이상하다?

왜 사회생활을 하는데
사회성이 떨어지는 것 같지?

NTP

사회인으로 거듭나는 중!
힘내라 순문!

가시가 아니라 털

사람들이 종종 오해해요.
이게 가시라고. 사실 털이거든요

동구밭

bkjn shop에 새 제품이 들어왔어요.
"동구밭"의 샴푸 바. 6월부터 판매해요.

홍보를 위해 먼저 사용해 보겠습니다.

어디. 까지 해야 할까요?

동구밭 샴푸바를
썼다고요?

네, 머리끝까지
상쾌하던데요.

선인장이잖아요...

시원하니 됐죠~

THREAD

너! 동료가 되어라!

단체 구독

개인 구독

읽으면 똑똑해지는 종이 뉴스 잡지를 동료와 함께 읽어 보세요.
기업, 학교, 팀 단위로 단체 구매를 하면 최대 67% 할인 혜택을 드려요.

지식과 경험의 축적이 새로운 관점과 만날 때 혁신이 일어납니다. 동료들과 같은 책을 읽고 대화를 나누면서 업무에 곧바로 적용할 만한 아이디어가 떠오르기도 하고, 잘 모르던 분야의 뉴스를 읽다가 오래 고민하던 문제의 해법을 발견하기도 합니다. 좋은 지식 콘텐츠는 개인의 성장과 팀의 문제 해결을 돕습니다. 깊이와 시의성을 두루 갖춘 지식정보 콘텐츠로 팀의 업무 역량을 키우고 성과를 향상시켜 보세요.

《스레드》 구독 문의 👉 thread@bookjournalism.com